C.H.BECK WISSEN

Der Wiener Kongress von 1814/15 gilt als die bedeutendste europäische Friedensordnung des 19. Jahrhunderts. Er ordnet die Hinterlassenschaften der Französischen Revolution und der Kriege Napoleons auf dem Kontinent, justiert das Kräfteverhältnis zwischen den Mächten neu und schafft die Voraussetzungen für eine längerfristige Friedensordnung. Heinz Duchhardt, als Autor und Herausgeber zahlreicher Bücher zur «Sattelzeit» einer der besten Kenner des Themas, stellt dieses gewaltige diplomatische Ereignis auf die historische Bühne, porträtiert die großen Darsteller wie Metternich oder Talleyrand, referiert die wichtigsten Verhandlungen und Ergebnisse und bettet den Kongress schließlich ein in eine bestechend klare Analyse des ganzen Zeitalters.

Heinz Duchhardt ist emeritierter Professor für Neuere Geschichte und war von 1994 bis 2011 Direktor der Abteilung für Universalgeschichte des Instituts für Europäische Geschichte Mainz. 2007 erschien seine große Stein-Biographie. Zuletzt erschien von ihm in der Reihe «Wissen» der Band «Freiherr vom Stein. Preußens Reformer und seine Zeit» (bsr 2487, 2010).

Heinz Duchhardt

DER WIENER KONGRESS

Die Neugestaltung Europas 1814/15

Verlag C.H.Beck

Mit 2 Abbildungen

1. Auflage. 2013

2. Auflage. 2015

Originalausgabe

Satz: Fotosatz Amann, Memmingen
Druck und Bindung: Druckerei C.H.Beck, Nördlingen
Umschlaggestaltung: Uwe Göbel, München
Umschlagabbildung: Engelbert Seibertz: «Versammlung bedeutender Staatsmänner zur Zeit des Wiener Kongresses», Stiftung Maximilianeum © akg-images, Berlin
ISBN 978 3 406 65381 0

www.beck.de

Inhalt

Der Staatlichen Universität Smolensk zugeeignet
Посвящён Смоленскому Университету

Vorwort

Mit dem vorliegenden Bändchen kehre ich gewissermaßen zu meinen wissenschaftlichen Anfängen, zugleich aber zu einer Thematik zurück, die sich wie ein roter Faden durch mein wissenschaftliches Leben zieht. Als mein zweites Buch habe ich 1976 bei der Wissenschaftlichen Buchgesellschaft ein Bändchen *Gleichgewicht der Kräfte, Convenance, Europäisches Konzert* veröffentlicht, in dem, dem Charakter der Reihe *Erträge der Forschung* entsprechend, die Strukturen frühneuzeitlicher Friedenskongresse und Friedensschlüsse skizziert und jeweils mit ausführlichen Forschungsberichten verknüpft wurden. Etwa die Hälfte dieses Büchleins war dem Wiener Kongress gewidmet, auf den ich auch in den folgenden Jahren und Jahrzehnten – unter anderem auch im Zusammenhang mit meinen Studien zum Freiherrn vom Stein – immer wieder zurückgekommen bin. Wenn man so will, schließt sich mit dieser Publikation ein Kreis, der annähernd 40 Jahre umgreift.

Einer kleinen Konferenz in meinem (früheren) Mainzer Institut zur Kirchenpolitik auf dem Wiener Kongress im März 2012 verdanke ich manche Anregungen, ebenso dem Austausch mit einer Reihe von Kollegen, von denen ich Wolfram Siemann hier namentlich erwähnen will. Die redaktionelle Betreuung beim Verlag lag in den Händen von Detlef Felken, dem mein herzlicher Dank gilt.

Ich widme dieses Bändchen zu einem europäischen Ereignis, das maßgeblich von Russland mit gestaltet wurde, der Staatlichen Universität Smolensk, die mir die Ehre erwies, mich als ersten Wissenschaftler überhaupt mit ihrer Ehrendoktorwürde auszuzeichnen.

Mainz, Spätsommer 2012 — Heinz Duchhardt

Einleitung

Als die britischen Politiker und Diplomaten 1919 damit begannen, sich auf die Pariser Friedenskonferenzen vorzubereiten, wurde eine Reihe von Fachleuten von der Historical Section des Foreign Office gebeten, Handbücher zu Ländern oder Gegenständen zu verfassen, über die in den Pariser Vororten diskutiert werden würde. Unter diesen Auftragswerken fällt eines ganz besonders auf: eine Geschichte des Wiener Kongresses 1814/15 aus der Feder des Liverpooler Professors für Neuere Geschichte, Charles Webster. Der Cambridge-Absolvent gehörte seit 1917 dem General Staff des War Office an und wurde dann als Sekretär der Militärabteilung Mitglied der britischen Friedensdelegation. Nachdem ihn später seine akademische Karriere fast um die ganze Welt geführt hatte, wiederholte sich das Muster des Ersten Weltkriegs im Zweiten: Webster wurde erneut für das Foreign Office tätig und war Mitglied der britischen Delegationen zu den Konferenzen in Dumbarton Oaks und in San Francisco, die an der Wiege der Vereinten Nationen standen. Er wurde dann auch zu deren erster Generalversammlung delegiert. Webster nahm darüber hinaus, sicher betroffen darüber, dass die 1919 gefundene Friedensordnung längst nicht die Dauerhaftigkeit derjenigen von 1815 gewonnen hatte, und daher auch mit einem Gefühl von Bitterkeit und Erwartungshaltung, als britischer Delegierter an der letzten Sitzung des Völkerbunds im April 1946 teil.

Es ist nicht nur das Faszinosum des Wechselspiels von Wissenschaft und Politik, das Websters Karriere so reizvoll macht, sondern in unserem Kontext auch das oben genannte Buch *The Congress of Vienna, 1814/15*. Es entstand dem Vorwort zufolge in der unglaublich kurzen Zeit von elf Wochen, zwischen Mai und August 1919, und sollte der Unterrichtung von Diplomaten und Politikern dienen, die offenbar zusammen mit dem Historiker im Wiener Kongress ein volles Jahrhundert zuvor das Präzedenzbeispiel sahen für das, was vor ihnen lag – «the only assembly which can furnish even a shadowy precedent for the great task that lies before the statesmen and peoples of the world» (S. III). Aus der Geschichte lernen? Ein ähnliches Konstrukt auf die Beine stellen wollen, das sich im 19. Jahrhundert als so tragfähig und nachhaltig erwiesen hatte?

Diese offenkundige Hochschätzung der Leistung der Monarchen, Staatsmänner und Diplomaten von 1814/15 – die Webster im Übrigen dann auch noch bewog, seiner Synthese eine Quellensammlung folgen zu lassen (1921) und einer der Schlüsselfiguren von Wien, dem britischen Außenminister Lord Castlereagh, eine große zweibändige Biographie zu widmen (1925/31) – lässt sich mit leichten Abstrichen das ganze 19. Jahrhundert hindurch verfolgen. Zwar blieben die großen, auf aktenmäßiger Grundlage ruhenden Darstellungen – neben der von Johann Ludwig Klüber, einem Kongressteilnehmer und Herausgeber eines (nach wie vor unverzichtbaren) Aktenwerkes (*Uebersicht der diplomatischen Verhandlungen des wiener Congresses* [...], Erlangen 1816) und von Gaëtan de Raxis de Flassan (*Histoire du congrès de Vienne,* Paris 1829), ebenfalls ein Augenzeuge und offizieller Historiograph des französischen Außenministeriums – zunächst noch rar. Goethes Prognose jedoch, die durchaus einem Verdikt nahekam, der Kongress eigne sich nicht zum Nacherzählen, weil er keinen Gehalt gehabt habe, erfüllte sich nicht. Selbst der erste Biograph des Freiherrn vom Stein, der auf dem Kongress über eine Nebenrolle nicht hinausgekommen war, Georg Heinrich Pertz, bescheinigte im Nachgang zu den revolutionären Ereignissen von 1848/49 den Architekten der Wiener Friedensordnung eine «weise und große Politik» und bei aller Unvollkommenheit im Einzelnen die «einzige gesunde und dauernde Grundlage des europäischen Lebens» gelegt zu haben.

Die Abstriche bei der positiven Einschätzung des Kongresses bezogen sich auf einen – freilich kardinalen – Punkt der Wiener Friedensordnung in ihrem umfassenderen Verständnis, nämlich das von den Großmächten reklamierte Interventionsrecht, das von vielen Staats- und Völkerrechtlern des 19. Jahrhunderts, etwa Johann Caspar Bluntschli, entweder offen kritisiert oder aber bezeichnend «beschwiegen» wurde. Vor der Folie der liberalen Tendenzen der Zeit und der offensichtlichen Neigung von Autoren, alle Arten von Bevormundungen – von Individuen, von Gesellschaften, aber auch von Staaten – ins moralische Abseits zu stellen, konnte man mit dem Anspruch der Großmächte, bei «Gefahr im Verzug» dritte Gemeinwesen zu kujonieren, nichts mehr anfangen. Aber es gab daneben immer auch wenigstens subtile Kritik daran, dass die Kongressväter sich bei den überfälligen gesellschaftlichen Reformen nicht so durchgesetzt hätten, wie es angebracht gewesen wäre – von einem deutlichen Zuwachs an Freiheit und Partizipation des Einzelnen, einem Abbau von Diskriminierungen, einer konstitutionellen Weiterentwicklung, was die «öffentliche Meinung» vielerorts erwartet hatte, konnte wenigstens flächendeckend ja noch keine Rede sein.

Wenn im 19. Jahrhundert die Gesamtdarstellungen auf Aktenbasis wenigstens auf breiter Front noch ausblieben, so sollte sich das im 20. Jahrhundert dann nachhaltig ändern. Websters Darstellung, die der Autor seinerzeit noch glaubte durch eine ausführlichere ersetzen zu sollen, zu der es aber nicht kam, steht am Beginn einer stattlichen Reihe von Gesamtdarstellungen, von denen die von Karl Griewank (Leipzig 1942), von Harold Nicolson (London 1946), von Henry A. Kissinger (London 1957, deutsch 1962) und die aus der Perspektive Metternichs geschriebene von Enno E. Kraehe (Princeton 1983) hier Erwähnung finden sollen – Nicolson und Kissinger im Übrigen wie Webster Grenzgänger zwischen Wissenschaft und Politik. Auch an spezielleren Darstellungen, etwa zur Politik der mindermächtigen deutschen Stände in Wien (Michael Hundt, Mainz 1996), zur Politik Russlands in Wien (Ulrike Eich, Köln 1986), zur Behandlung der Judenfrage in Wien (Salo Baron, Wien/Berlin 1920) und zur völkerrechtlichen Bedeutung des Wiener Kongresses (Robert Rie, Bonn 1957) – um nur einige wenige Themenkomplexe herauszugreifen –, fehlt es nicht. Ebenso wenig herrscht an großen Gesamtdarstellungen Mangel, die einen längeren Zeitabschnitt behandeln, aber den Wiener Kongress prominent berücksichtigen – sozusagen von Heinrich von Treitschke bis Paul W. Schroeder und Michael Erbe. Und erst recht liegt über die Akteure und Friedensarchitekten von 1814/15 ein reiches Schrifttum vor, ob man an Metternich oder Hardenberg denkt, an Castlereagh oder Graf Münster, den Freiherrn vom Stein oder Talleyrand oder die vielen Monarchen, die den Kongress besuchten.

Das alles wird aber übertroffen von der geradezu abundanten zeitgenössischen Literatur, den Flugschriften, Memoiren und «Denkwürdigkeiten», Tagebüchern, Briefwechseln der Beteiligten oder relativ Unbeteiligten, die den Wiener Kongress zu dem am besten erhellten Ereignis dieser Art in der gesamten neueren Geschichte machen. Diese Quellen betreffen nicht nur die Verhandlungen im engeren Sinn, sondern in viel stärkerem Maß noch die «Begleitmusik», die Hintergründe, die vielen Feste, die dem Kongress zu jenem Bild in der Öffentlichkeit verhalfen, das sprichwörtlich geworden ist: Er habe nicht gearbeitet, sondern getanzt. Gewiss hatten auch frühere Friedenskongresse schon Schriften von Augenzeugen zu dem provoziert, was der Kongressbeobachter Comte de La Garde in seiner «chronique scandaleuse» *Gemälde des Wiener Kongresses 1814–1815* beschrieb und später dann August Fournier mit seiner Wiedergabe von Geheimdokumenten vom Wiener Kongress (1913) und Maurice-Henri Weil im Ersten Weltkrieg in den auf den Spitzelberichten der Wiener Polizeibehörden beruhenden Titel *Les Dessous du Congrès de Vienne* (Paris 1917) packten; zum Utrechter Kongress ein Jahrhundert vor dem Wiener hatte der Vielschreiber Casimir Freschot zum Beispiel ein Buch *Histoire amoureuse et badine du congrès et de la ville d'Utrecht* verfasst, das rasch auch ins Deutsche übersetzt wurde, also offenbar – vor allem wohl wegen des Nachweises der Verstrickung des diplomatischen Corps in das kommunale «Rotlichtmilieu» – ein Publikumserfolg war. Aber die entsprechenden Quellen zu den gesellschaftlichen, intriganten, nichtpolitischen, zwischenmenschlichen, amourösen Begleiterscheinungen des Wiener Kongresses stellen doch alles bisher Dagewesene bei Weitem in den Schatten. Dabei sollen die vielen – oft kolorierten – satirischen Kupferstiche meist französischer oder englischer Provenienz, die in dem Katalog der Wiener Jubiläumsausstellung 1965 reich dokumentiert worden sind, gar nicht weiter gewichtet werden, weil sie längst nicht immer den Weg bis zu den Wiener Straßen fanden. Insofern kann es in einer rezeptionsgeschichtlichen Perspektive auch gar nicht überraschen, dass der Wiener Kongress immer wieder als Folie für nichtwissenschaftliche Umsetzungen, Filme beispielsweise oder musikalische Werke, wenigstens in Erwägung gezogen wurde – sogar Richard Strauss ging mit dem Gedanken um, den Wiener Kongress zum Gegenstand einer Oper zu machen.

Dahinter sollen die Editionen der diplomatischen Akten und Ergebnisse des Kongresses selbstredend nicht zurückstehen. Unmittelbar nach Abschluss des Wiener Kongresses publizierte der badische Staats- und Kabinettsrat Dr. Johann Ludwig Klüber, der schon eine aufregende Karriere – unter anderem auch als Erlanger Professor und bis kurz zuvor als Anhänger Napoleons – hinter sich hatte und sich in den zurückliegenden Jahren mit vielen Studien und Editionen etwa zum Staatsrecht des Rheinbunds zu Wort gemeldet hatte, eine in Heftform erschienene und dann zu neun Bänden zusammengebundene Edition der *Acten des Wiener Congresses in den Jahren 1814 und 1815*, die bis heute die Grundlage jeder aktenmäßigen Beschäftigung mit dem Wiener Kongress bildet. Sie sollte im Übrigen nicht dem Schicksal entgehen, noch während ihres Erscheinens in sechs von Frédéric Schoell verantworteten Bänden unautorisiert, freilich in einer streng chronologischen Anordnung, nachgedruckt zu werden (*Congrès de Vienne. Recueil des pièces officielles* [...], 1816–1818), was, nebenbei bemerkt, Klüber in seinem siebten Band und im achten zu einer Reihe sehr kritischer und süffisanter Anmerkungen bewog. Klüber hatte als beurlaubter Beamter seines Hofs den ganzen Kongress über in Wien geweilt, sein Editionsvorhaben war jedoch ein reines «Privatunternehmen», wie er im Nachwort unterstrich, das auch darunter litt, dass keineswegs alle Funktionsträger, die ihm Akten zugesagt hatten, auch Wort gehalten hätten. Die Lücken sind jedenfalls evident und notorisch. Zu einem Unternehmen, das etwa den *Acta Pacis Westphalicae* vergleichbar wäre und umfassend die Protokolle der Komitees, die Korrespondenzen führender (oder auch nachrangiger) Gesandter, die Memoranden oder auch bisher nicht edierte Tagebücher herausgegeben hätte, ist es freilich leider nie gekommen. Hier harrt der Geschichtsforschung eigentlich noch eine große Aufgabe, umso mehr als es sich um ein dezidiert «europäisches» Unternehmen handeln würde. Eine knappe, von Klaus Müller besorgte Auswahledition wichtiger Dokumente in der Freiherr-vom-Stein-Gedächtnisausgabe kann dieses Defizit selbstredend nicht beheben, ebenso wenig ein Quellenbändchen von Hans-Dieter Dyroff. Dieses Defizit wird auch nicht ausgeglichen durch die recht zahlreichen modernen Editionen von Briefwechseln und Tagebüchern von teilnehmenden Ministern, ob man beispielsweise an den Freiherrn vom Stein oder Karl August von Hardenberg denkt. Zum Entstehen und der Konzeption des Deutschen Bundes liegt immerhin seit Neuestem ebenso eine wichtige, von Eckhardt Treichel besorgte Edition vor wie zur Politik der mindermächtigen deutschen Staaten in Wien, die von Michael Hundt herausgegeben wurde.

Spart man die Akteneditionen im engeren Sinn einmal aus, von denen die Bände 1–3 der *British and Foreign State Papers* (1838–1841) oder Georg Friedrich Martens' zweiter Band seines *Nouveau Recueil des Traités* (1818) und vor allem die über Wien hinausreichende und zahlreiche Staatskanzleien europäischer Mächte ausschöpfende Aktenreihe des unter dem Pseudonym Comte d'Angeberg publizierenden polnischen Historikers und Politikers Leonard Borejko Chodzko (*Le congrès de Vienne et les traités de 1815*, 2 Bde., 1863) noch eigens erwähnt werden sollen, kann die Quellenlage zur politischen Seite des Kongresses trotzdem als sehr gut bezeichnet werden. Das kann aber auch nicht wirklich überraschen. Noch nie zuvor in der europäischen Geschichte war ein Kongress dieser Dimension zusammengetreten: mit Kaisern, Königen und Fürsten in beeindruckender Fülle, denen ihre säkulare und wegweisende Aufgabe voll bewusst war, die nach Jahren kriegerischer Anspannung aber immer auch ihre Erleichterung und ihre neu gewonnene Lebenslust auszukosten gedachten, mit Staatsmännern und Diplomaten, die – viele von ihnen Pfauen – einander auszustechen suchten und die für unterschiedliche politische Konzeptionen standen, mit zahlreichen Interessenvertretern von Kleinstaaten, sozialen Gruppen und Organisationen, die für die Berücksichtigung ihrer spezifischen Belange kämpften und vor allem auf eins angewiesen waren: an Informationen zu kommen, mit den Journalisten, die seriös zu arbeiten verstanden oder es auch ein wenig unseriös versuchten, den Ehefrauen und Töchtern vieler Teilnehmer, denen der Winter 1814/15 sehr lang zu werden drohte, den zahlreichen Künstlern, Händlern, Handwerkern, Freudenmädchen, die ein solches Ereignis anziehen musste wie das Licht die Motten und die darauf hofften, in irgendeiner Weise von ihm zu profitieren. Dabei soll von den Tausenden von Dienstpersonen aus der näheren und weiteren Umgebung der Kaiserstadt, den Stallburschen, Lakaien und dem Küchenpersonal, den Schreibkräften, den Glücksrittern und Scharlatanen gar nicht weiter die Rede sein. Die Herausgeberin eines wohlfeilen Büchleins *Der Wiener Kongress in Augenzeugenberichten* hatte deshalb auch überhaupt keine Schwierigkeiten, ein umfängliches einschlägiges Material zusammenzutragen, das den Kongress im wahrsten Sinn des Wortes illustriert. Wohl kaum jemals in der europäischen Geschichte hat eine Stadt ein vergleichbar quirliges und aufregendes Dreivierteljahr erlebt!

Phänomenologisch unterscheidet den Wiener Kongress von vorausgehenden Kongressen, die immer der Beendigung eines multilateralen Krieges gedient hatten – hier war es anders –, indes vor allem die Federführung durch die leitenden Staatsmänner der jeweiligen Gemeinwesen, deren Tätigkeit durch die gleichzeitige Anwesenheit etlicher gekrönter Häupter manchmal erleichtert, manchmal aber auch eher erschwert wurde. Von den Versammlungen subalterner Diplomaten, die in jeder Hinsicht auf die Weisungen ihrer weit entfernten Regierungen angewiesen waren – also das «Modell» des Westfälischen Friedens beispielsweise –, unterscheidet sich der Wiener Kongress somit grundlegend. Er produzierte zwar kaum weniger Papier als frühere Kongresse, aber trotzdem bleibt wegen des verän derten Stellenwerts der Mündlichkeit doch diese und jene Facette des Kongressgeschehens im Dunkeln.

Es ist davon auszugehen, dass das bevorstehende Jubiläum des Wiener Kongresses die Quellenbasis noch einmal verbreitern wird. Nachdem im Vorfeld des Zentenars des Wiener Kongresses in auffälliger Dichte quellenbasierte Darstellungen (Fournier) und Editionen (Eynard, deutsche Ausgabe La Garde) erschienen waren, offenbar trotz einer gegenüber heute deutlich weniger ausgeprägten Begeisterung von Wissenschaft und Öffentlichkeit für die runden Jahreszahlen also einige Jubiläumsaktivitäten geplant waren, die dann der Ausbruch des Ersten Weltkriegs zunichtemachte, und nachdem es 1965 über eine (gut dokumentierte) Ausstellung in Wien nicht wesentlich hinausgekommen war, werden sich «Europa» und das Gastland die Chance, ein Ereignis und sein Schlussdokument zu feiern, in dem eins der Grunddokumente der Moderne gesehen werden kann, mit Sicherheit nicht entgehen lassen.

Bei der Gliederung des Stoffs wurde auf Begriffe des Theaters, des Dramas und des Theaterspielens zurückgegriffen. Spätestens seit Wicqueforts Klassiker *L'Ambassadeur et ses fonctions* (1680/81) zählt es zu den Gemeinplätzen des allgemeinen Bewusstseins und der modernen Forschung, dass das Kerngeschäft eines (vormodernen) Diplomaten darin besteht, auf einer Bühne vor einer höfischen Kulisse eine Rolle zu spielen. Und da die Metapher des Theaterspielens ohne jegliche Mühe und mit noch mehr Berechtigung auch auf die in Wien anwesenden Souveräne und ihre Entourage appliziert werden kann und «Wien» zudem eine Kulisse bot, die ihresgleichen suchte, hat sich eine auf das Spielerische abhebende Darstellungsweise geradezu aufgedrängt.

Das Vor- und das Nachspiel

Der Wiener Kongress war ein Zufallsprodukt. Eigentlich hatten die in der Anti-Napoleon-Koalition vereinten Monarchen – Russlands (Zar Alexander I.), Österreichs (Kaiser Franz I.) und Preußens (König Friedrich Wilhelm III.) – geplant, die Neuordnung Europas nach dem militärischen und politischen Sturz Bonapartes gleich in Paris, also in der Hauptstadt des besiegten Frankreich, wo sich alle eingefunden hatten, zu regeln. Denn (schnell) zu regeln gab es genug: Das Heilige Römische Reich Deutscher Nation hatte 1806 mit der Niederlegung der Kaiserkrone durch Franz II. (seit 1804 als Franz I. erster österreichischer Kaiser) aufgehört zu existieren – wie sollte es mit der seit jeher für die Befindlichkeit des alten Kontinents problematischen Mitte Europas weitergehen? Wie war mit den Verbündeten Bonapartes und mit den sog. Napoleonidenstaaten zu verfahren, denen in Deutschland und denen in Italien? Wie sollte sich die Zukunft der anderen Bestandteile des französischen «Empire» gestalten, etwa der Eidgenossenschaft oder der Niederlande, deren Schicksal in London als essentiell für die eigene Sicherheit eingestuft wurde und wo sich schon im Dezember 1813 ein Oranier zum «souveränen Fürsten» ausgerufen hatte? Wie sollte es mit Polen weitergehen, das in der Revolutionszeit durch die verschiedenen Teilungen der Anrainer als selbständiges Staatswesen von der Landkarte verschwunden war? Wie konnte garantiert werden, dass in Frankreich der «Spuk» des napoleonischen Systems definitiv beendet war und keine Wiederauferstehung feierte? Wie waren die riesigen Kunstraube Napoleons zu behandeln, die Gemälde, Plastiken und Artefakte jedweder anderen Art aus ganz Europa in Paris zusammengeführt hatten? Wie konnte eine europäische Ordnung aussehen, die eine Gewähr dafür bot, dass nach einem Vierteljahrhundert revolutionärer Umtriebe wieder ein gewisses Maß an Stabilität

Einzug hielt? Die Agenda, die auf die Monarchen und ihre Minister wartete, war gewaltig. Und dabei soll ganz unbeachtet bleiben, dass auch außerhalb Europas Handlungsbedarf bestand, denn die Konflikte Großbritanniens mit Frankreich waren ja zugleich immer auch Hegemonialkriege um die Vorherrschaft jenseits der Meere gewesen – die Frage allerdings war, ob Whitehall damit einverstanden sein würde, diese Probleme auf einem europäischen Forum zu verhandeln, und ob wirklich ein Interesse bestand, die anstehenden europäischen Lösungen damit zu belasten.

Zudem hatte sich bereits während des «Befreiungskriegs» abgezeichnet, dass die grundsätzlichen Positionen der Mächte erheblich differierten – in jenem mit einem besonderen Begriff «geadelten» Krieg, dem sich, nachdem Preußen und Russland mit dem Bündnis von Kalisch (März 1813) gewissermaßen das Startsignal gegeben hatten, Österreich eher zögernd angeschlossen hatte und in dem Großbritannien, noch bis zum Hochsommer 1813 durch Wellington in Spanien engagiert, militärisch keine Rolle spielte. Es hatte schon erhebliche Überzeugungskraft – etwa Steins oder Ernst Moritz Arndts – gekostet, die preußischen und österreichischen Alliierten überhaupt zu bewegen, den Krieg nach über zwei Jahrzehnten erstmals wieder über die Rheinlinie nach Frankreich hineinzutragen und den Monarchen in Wien und in Berlin zu verdeutlichen, dass der Rhein als französische Ostgrenze kein Tabu war. Noch in dem Aufruf des preußischen Königs «An mein Volk» war ausdrücklich die Rede von Frankreichs «rechtmäßigen Grenzen» gewesen, in denen es «schön und stark durch sich selbst» leben solle – der Gedanke einer Rückkehr zu dem alten Modell des Gleichgewichts zwischen den europäischen Mächten, auf das sich die drei «Ostmächte» im Vertrag von Teplitz (9. September 1813) verständigt hatten, wird hier greifbar. Mit entscheidend bei der Neudefinition der alliierten Kriegsziele war das Eingreifen des britischen Außenministers Castlereagh gewesen, der bei der ersten förmlichen gemeinsamen Beratung der Minister der Koalitionspartner in Langres am 28. Januar 1814 die Rückführung Frankreichs in seine alten, vor der revolutionären Expansion geltenden Grenzen von 1792 als Basis aller künftigen Verhandlungen durchsetzte. Das sollte zwar die Wiener Hofburg nicht daran hindern, nicht nur die Rheinbundstaaten relativ rasch entgegen den Vorstellungen Berlins und Petersburgs wieder «hoffähig» zu machen, sondern weiterhin auf einen Friedensschluss mit Napoleon zu setzen, von dem sie – dynastisch verbunden mit dem Korsen – glaubte, er sei als integraler Bestandteil eines künftigen europäischen Gleichgewichtssystems unverzichtbar. Da auch die britische Regierung solchen Gedanken nicht gar so fern stand, blieb Zar Alexander mit seiner – von den Koalitionspartnern mit seiner angeblichen oder tatsächlichen Prestigesucht in Verbindung gebrachten – Vorstellung, an der Spitze der (siegreichen) Koalitionsarmee in Paris einzuziehen und Napoleon durch einen anderen Herrscher von Russlands Gnaden zu ersetzen, zunächst ziemlich allein. Bis zu einem bestimmten Punkt ging somit die politische Taktik Napoleons durchaus auf, auf die Labilität der Einigkeit der Koalitionspartner zu setzen und zu versuchen, sie auseinanderzudividieren.

Die nächste wichtige Etappe nach den ergebnislosen letzten Versuchen von Châtillon, doch noch eine Verständigung mit dem Kaiser der Franzosen zu erreichen, war dann die erneut maßgeblich von Castlereagh «gezimmerte» Allianz von Chaumont vom 1./9. März 1814, die sich darauf einigte, den Abschluss des Friedens auf dem Festland – die außereuropäischen Probleme wusste der britische Minister von diesem Forum (wie auch später vom Kongress) weitgehend fernzuhalten, hatte sich aber mit der Herausgabe der eroberten Kolonien einverstanden zu erklären – den vier Großmächten (Russland, Österreich, Preußen und England) vorzubehalten und die Friedenssicherung für zwanzig Jahre zu übernehmen. Wenig später verständigten sich die Alliierten, nachdem Bonaparte seine «Reduktion» auf das Niveau und den Titel eines bloßen «Königs von Frankreich» für abwegig erklärt hatte, auf die Wiedereinsetzung der alten Bourbonendynastie, die in sicherer Erwartung des baldigen Endes des napoleonischen Regimes in Nordfrankreich und in Paris wieder Fuß zu fassen begonnen hatte. Das führte dann auch rasch dazu, dass man dem «neuen» Frankreich, dessen bisherigem und zur Abdankung gezwungenem Herrscher man das Fürstentum Elba zuwies (und damit England eine gut verwertbare Mittelmeerposition verschloss), alle Brücken baute, um es wieder in die Gemeinschaft der «Pentarchie» aufzunehmen – also jenes virtuellen Gebildes der fünf europäischen Großmächte, die, vermeintlich oder tatsächlich, seit der Mitte des 18. Jahrhunderts eine Art Kontrolle der europäischen Ordnung für sich beanspruchten.

In den Friedensverhandlungen, die nach vorangegangenem Waffenstillstand (23. April 1814) am 9. Mai 1814 mit dem von den Siegermächten als Verhandlungspartner trotz seiner «belasteten» Vergangenheit bereitwillig akzeptierten Außenminister Talleyrand begannen, traten die Franzosen allerdings mit Forderungen auf, die deutlich über die Grenzen von 1792 hinausgingen. Angesichts eines gewissen Entgegenkommens der Alliierten dehnte der französische Kommissar für die Grenzverhandlungen, der Marquis d'Osmond, die Forderungen zudem immer weiter aus – ein großer Landstreifen von Niewport bis nach Kaiserslautern sollte es sein –, die aber wegen der britischen Interessen im Kanalbereich und der Neutralisierung der flandrischen Küste dann doch nicht durchsetzbar waren. Die französische Seite verlagerte angesichts eines konzertierten Widerstands der Siegermächte daraufhin ihre Arrondierungsbemühungen in die Schweizer Alpen (Gex mit Forney, der Gedenkstätte Voltaires!), auf das Saargebiet und den Oberrhein – die Liste mag verdeutlichen, wie vieles hier in Fluss geraten und wie vieles noch unentschieden war.

Denn man muss auch registrieren, dass die Interessen der Alliierten gegenüber dem postnapoleonischen Frankreich sich stark unterschieden. Selbst der den französischen Erwartungen am meisten aufgeschlossene Zar stand im eigenen Lager unter erheblichem Druck etwa seines für die Deutschlandfragen «zuständigen» Beraters Stein in Hinsicht auf die französische Ostgrenze. Der Uneinigkeit der Alliierten und dem diplomatischen Geschick Talleyrands war es schließlich auch zuzuschreiben, dass die Forderungen insbesondere Preußens nach (exorbitant hohen) Kriegsentschädigungen weitgehend unerfüllt blieben –

Castlereagh setzte hier immerhin eine Sonderregelung für sein Land durch! (Art. 19 des 1. Pariser Friedens) – und dass man mit der Rückerstattung der geraubten Kunstschätze zunächst kaum weiterkam; die Rückgabe des noch unausgepackten Degens Friedrichs des Großen und der Quadriga des Brandenburger Tores einmal ausgenommen. Das alles waren, ebenso wie die Entscheidung, über die Rückgabe des Elsass an ein deutsches Gemeinwesen oder über die ehemaligen Enklaven auf französischem Gebiet (Avignon, Venaissin, Mülhausen, Mömpelgard) zukünftig nicht mehr reden zu wollen, Prädispositionen, die vielen Hoffnungen einen argen Dämpfer versetzten.

Die Erwartungen von Männern wie dem Freiherrn vom Stein, man werde die Anwesenheit aller beteiligten Monarchen und ihrer Minister in der Seinemetropole nutzen, um die Gesamtheit der offenen Fragen der nachnapoleonischen europäischen Ordnung zügig und abschließend zu behandeln, hatten vor dem Hintergrund der wachsenden Spannungen zwischen den Alliierten somit keine Chancen, realisiert zu werden. Es war die französische Seite, die im Verlauf der Friedensverhandlungen erstmals den Gedanken aufbrachte, die jetzt nicht aktuell zu lösenden Fragen auf einem allgemeinen Kongress nach dem Friedensschluss zu behandeln – wohl auch aus der Berechnung heraus, dass bis dahin so viel Wasser die Seine hinuntergeflossen sein würde, dass Frankreich wieder vollberechtigtes Mitglied des Entscheidungskartells werden könnte. Castlereagh machte sich diesen Gedanken zu eigen, und in dem Rahmenentwurf des 1. Pariser Friedens, der Talleyrand am 10. Mai 1814 überreicht wurde, war zum ersten Mal konkret von einem nach Wien einzuberufenden Kongress die Rede. Talleyrand sah darin eine politische Chance für Frankreich und war seitdem bemüht, alle Bemühungen österreichischer und preußischer Diplomaten, die «Grundlagen» der künftigen Friedensordnung schon im Friedensvertrag mit Frankreich festzuschreiben, zu konterkarieren. Immerhin gelang es den Alliierten noch, einige Kardinalpunkte wie die Ausdehnung Österreichs bis zum Po, die Arrondierung Sardiniens um Genua, die Vereinigung der südlichen und nördlichen Niederlande und die künftige Implementierung Preußens und anderer deutscher Staaten auf dem linken Rheinufer durchzusetzen – Talleyrand sollte später in Wien dann behaupten, er habe diese Geheimartikel zwar entgegengenommen, aber nie unterzeichnet.

Der Friede der Alliierten mit Frankreich wurde schließlich am 30. Mai 1814 unterzeichnet – von den vier Verbündeten, die vorgaben, für die Gesamtheit des im Kampf vereinten und nunmehr «freien» Europa zu handeln, aber mehr zufällig auch noch von drei weiteren Staaten, die überwiegend koloniale Interessen hatten, die auf dem Kongress endgültig entschieden werden mussten: Schweden, das Guadeloupe an Frankreich restituieren sollte, Portugal, das mit Frankreich über die Grenze in Guyana stritt, und Spanien. So kam, so hat Karl Griewank das formuliert, «der Kreis von acht Mächten zustande, die das erste große Dokument des neugebildeten Europa unterzeichneten und deren gemeinsame Unterschriften hernach auf dem Wiener Kongreß unter eine Reihe von Deklarationen und unter der großen zusammenfassenden Kongreßakte wiederkehrten». In Art. 3 des Hauptvertrags findet sich dann auch der entscheidende Satz, dass sämtliche europäische Staaten Delegierte nach Wien schicken sollten, «um auf einem allgemeinen Kongress die Verfügungen zu treffen, welche die Bestimmungen des gegenwärtigen Vertrags ergänzen sollen (compléter les dispositions du présent traité)».

Erhellender hinsichtlich des Erwartungshorizonts der Siegermächte ist freilich das, was im 1. Geheimartikel des Pariser Friedens zum Ausdruck gebracht wurde: Der Kongress solle alles, was die französischen Abtretungen und deren neue Zuordnung und Struktur betraf, abschließend so regeln, dass daraus ein wirkliches und dauerhaftes Gleichgewicht in Europa hervorgehen könne. Das alles solle geschehen «auf der Grundlage der von den Verbündeten unter sich getroffenen Vereinbarungen». In diesen Sätzen steckte zum einen die Vorstellung, dass es in Wien «nur» um die formelle Bestätigung der von der Koalition vereinbarten Ordnung durch die gesamte Staatengesellschaft gehen werde. Metternich formulierte es im Blick auf den Wiener Kongress so: «Dieser Kongress [wird] weniger zum Negoziieren als zur Unterfertigung bestimmt sein und sich [...] hauptsächlich auf die Erwägung einiger durch ganz Europa laufender gesellschaftlicher Fragen beschränken», worunter er u. a. die Untertanenverhältnisse und die Freiheit der Flussschifffahrt verstanden wissen wollte. Eine, wie sich zeigen sollte, eklatante Fehleinschätzung, denn aus dem Treffen, das noch einige Restprobleme lösen sollte, wurde am Ende ein neunmonatiger Kongress mit einem wahren Marathon an Verhandlungen! Das hatte sich in den Wochen nach Paris übrigens bereits angedeutet, als es den nach dem Pariser Friedensschluss nach London gereisten Monarchen und Ministern nicht gelang, in zentralen Punkten – etwa der Polen-Frage – Einigung zu erzielen. Zum anderen aber ist die Perspektive festhaltenswert: Eine bloße Rückkehr zur Staatenpolitik der Vorrevolution darf es nicht geben, aus den Wiener Beratungen muss eine dauerhafte und belastbare Friedensordnung erwachsen. Alle Friedensschlüsse der vergangenen Jahrhunderte hatten stereotyp den «ewigen Frieden» beschworen – würde es diesmal gelingen, aus der Standardformel mehr als einen Topos zu machen? Der Wille war jedenfalls erkennbar, aus dem Frieden, der bewusst kein Frankreich zum Paria stempelnder Siegfrieden gewesen war, eine Ordnung erwachsen zu lassen, die auf Harmonie beruhte, die kein Konfliktpotential in die «neue Zeit» transportierte und die auf Reintegration des Verlierers und auf Multipolarität des neu zu schneidenden Staatensystems setzte. Das eigentliche Problem des Kongresses war nicht, überhaupt Lösungen zu finden, sondern «an unintentional relapse into the old competitive politics» zu verhüten (Schroeder). Ob das nur Lippenbekenntnisse waren, musste allerdings die Zukunft noch erweisen.

Freilich wurden im und durch den (1.) Pariser Frieden bestimmte Themen auch schon abschließend geregelt, ausdrücklich mit der Vorgabe, dass darüber auf dem geplanten Kongress nicht mehr würde verhandelt werden dürfen. Das betraf vor allem die englischen Kolonialinteressen: Definitiv wurden Großbritannien Malta, die Insel Île de France (Mauritius) im Indischen Ozean und in der Karibik Tobago und St. Lucia übergeben, Frankreich musste auf alle Souveränitätsrechte in Indien verzichten. Die Verhandlungen zeigten, wie schwer Talleyrand diese Konzessionen fielen; er glaubte sie am Ende nur verantworten zu können, um ein bestimmtes Maß an *good will* auf britischer Seite bei der Abarbeitung der kontinentalen Agenda zu bewirken. Sieht man von dem Problem des Sklavenhandels ab, sind in Wien dann tatsächlich kaum noch koloniale Fragen erörtert worden.

Der Gedanke, dass am Ende eines – wie sich zeigen sollte – über zwanzigjährigen Ringens der Mächte, das manche Akteure ähnlich wie die im «Dreißigjährigen Krieg» tätigen Männer als eine Einheit empfanden, ein Kongress stehen sollte, war freilich älter. Schon in dem russisch-englischen Vertrag von 1805 war diese Perspektive angesprochen worden, in Châtillon hatten die Alliierten zusammen mit den Vertretern Napoleons über diese Form der Ordnungsfindung geredet, und möglicherweise trifft ja auch Fourniers Annahme zu, dass die drei Monarchen gleich nach der Völkerschlacht bei Leipzig einander versprochen hätten, sich in Wien wieder zu treffen. Denn man darf nicht vergessen: Seit 1648 war es zu einem ungeschriebenen Gesetz der europäischen Staatenpolitik geworden, dass am Ende ein multilateraler Kongress aller an dem jeweiligen Konflikt direkt oder indirekt Beteiligten stand, weil Völkerrecht und politisches Denken längst unisono die Meinung vertraten, dass jede Veränderung der europäischen Balance der Mitwirkung und Zustimmung aller Glieder der Staatenfamilie bedurfte. Das hieß aber natürlich nicht, dass man diese Tradition unmodifiziert auf alle Ewigkeit fortschreiben musste; ob «Kongress» oder ein System von Einzelberatungen unter Kontrolle der Siegermächte, ist eine der am heftigsten umstrittenen Fragen in der Formationsphase von «Wien» gewesen, und es hat nicht wenige Minister auf alliierter Seite gegeben, die es schon nach kurzer Zeit bedauerten, sich viele unnütze und zeitaufwendige Diskussionen ohne Not auf den Hals geladen zu haben, wo man doch in Paris alles viel einfacher und rascher hätte entscheiden können. Freilich hatten sie damit die Frage noch nicht beantwortet, ob unter Verzicht auf «Wien» die Wiedereingliederung Frankreichs in ein nun stabileres Friedenssystem überhaupt hätte gelingen können.

Wenn Fourniers Annahme zuträfe, hätte sich die Frage von selbst beantwortet: Warum gerade Wien? Die Donaumetropole rangierte hinsichtlich Weltläufigkeit, imponierender Bausubstanz, Glanz einer der angesehensten europäischen Dynastien und in Bezug auf einen bestimmten *way of life* sicher um Längen vor den Alternativen, mochten sie nun Berlin – das, längere Zeit von den Franzosen besetzt, in puncto Ausstrahlung noch längst nicht mit Wien verglichen werden konnte –, St. Petersburg – das trotz seiner architektonischen Glanzpunkte seiner peripheren Lage und vielleicht auch der Jahreszeit wegen nicht ernsthaft in Frage kommen konnte – oder London heißen, wo ein kranker König residierte und wo die Öffentlichkeit wohl einen (zu) starken Druck auf die Akteure entwickeln würde. Und wenn man denn nicht auf Nicht-Hauptstädte – Prag beispielsweise, Genf, Mailand oder Frankfurt – ausweichen wollte, dann sprach am Ende wohl doch am meisten für die Kaiserstadt an der Donau – auch wenn in ihren Mauern wenige Wochen nach Beginn des Kongresses die kritischen Stimmen durchaus hörbar wurden. Aber für die meisten Akteure behielt Wien mit seinen architektonischen Schönheiten und seiner naturräumlichen Lage jene Ausstrahlung, von der die Verantwortlichen und ihre Gäste schon im Vorhinein überzeugt gewesen waren und von der sie sich eine positive Rückwirkung auf die Befindlichkeiten aller Beteiligten erhofften.

War «Wien» unstrittig, so gilt Gleiches nicht für den Begriff «Kongress». Es hat in den ersten Wochen nach seiner «Eröffnung» eine lebhafte Publizistik darüber gegeben, ob der Begriff rechtens sei, denn bisher sei, wie es in einer bei Klüber abgedruckten «Öffentlichen Notiz» heißt, ein Kongress «ein auf bestimmte Gegenstände gerichteter staatsrechtlicher Prozeß zwischen zwei oder mehreren zum Kriege gerüsteten oder im Kriege mit einander begriffenen Parteien [gewesen], dessen Ausgang ein Friedensschluß seyn sollte». Da der Friede diesmal aber bereits geschlossen sei, das Treffen also nur in Auftragsverwaltung der Entscheidungen von Paris tätig werde, erhebe sich die Frage nach der Berechtigung des Kongress-Begriffs. Auch die Minister hat diese Frage in den September- und Oktoberwochen 1814 intensiv beschäftigt; Gutachten Humboldts, in denen er der Annahme deutlich widersprach, Wien sei eine Art beratende Versammlung der europäischen Staaten – wo doch «Europa» gar kein «ensemble constitutionel» sei! –, und zustimmende Äußerungen Gentz' und Castlereaghs belegen überdeutlich, dass in den Augen der Alliierten «Wien» nur ein «Komplex verschiedener Verhandlungen» (Mayr) war, allenfalls ein Treffen «Europas» «sous le nom de congrès». Ein wirklich schlüssiger Alternativbegriff ist seinerzeit aber nicht ins Spiel gebracht worden, so dass diese Diskussion dann im Sand verlief und der Begriff «Wiener Kongress» sich einbürgerte.

*

Der Kongress trat nach dem (bereits kurz angesprochenen) Besuch einiger Monarchen und ihrer Minister in London und dessen weiterer Umgebung im Sommer 1814 und nach verschiedenen, wegen der Londoner Parlamentssitzungen und einer kurzen Heimreise des Zaren notwendigen Verschiebungen mit zweimonatiger Verspätung recht formlos, ohne den an sich von den Siegermächten geplanten offiziellen «Startschuss», im Oktober 1814 ins Leben. Er war verschiedentlich von Auflösung bedroht und gelangte am Ende unter dem Eindruck der «100 Tage» – Napoleons Rückkehr aus seinem Exil in Elba und dem Versuch der Wiedererrichtung seines Regimes, den seine Niederlage bei Waterloo besiegelte – doch in vielen Punkten zu substantiellen Ergebnissen, die zwar längst nicht alle befriedigten, aber sich à la longue sehen lassen konnten. Faktisch löste er sich im Juni 1815 nach der Unterzeichnung der Schlussakte wieder auf. Er dauerte somit erheblich länger als von vielen erwartet: Metternich hatte am Beginn mit einer Laufzeit von allenfalls einem Monat oder etwas mehr gerechnet. Die Kärrnerarbeit – die neue Zuschneidung der deutschen und europäischen Staatenlandschaft und eine Reihe von Grundsatzbeschlüssen – war geleistet, der Deutsche Bund war geboren und konturiert worden, die Schifffahrt auf den Flüssen hatte ihre neuen Regeln erhalten, das Verbot des Sklavenhandels war ausgesprochen, die diplomatischen Spielregeln waren neu geordnet worden und anderes mehr. Aber das hatte viel mehr Zeit erfordert als ursprünglich gedacht.

Es war – Paul W. Schroeder hat das herausgearbeitet – den verantwortlichen Akteuren freilich von Anfang an klar gewesen, dass es damit nicht sein Bewenden haben konnte. Eine bloße Rückkehr zu einem vorrevolutionären Staatensystem, das auf dem Parameter der Konkurrenz aufbaute und den Krieg zwischen den Großmächten immer im Kalkül hatte, war nach dem mehr als zwanzigjährigen Blutvergießen und der politisch-sozialen Umgestaltung weiter Teile der europäischen Gesellschaften nicht mehr vorstellbar. An die Stelle von Ruhmsucht, dem (vermeintlichen) Recht des Stärkeren und dynastisch bedingten Kriegen sollten außenpolitische Zurückhaltung, Vertragstreue und die stärkere Beachtung von Völkerrechtsnormen treten, an die Stelle der alten Gleichgewichtsdoktrin, die schon im 18. Jahrhundert nicht selten, wenn nicht gar in der Regel nur zur Kaschierung egoistischer Machtpolitik benutzt worden war, sollte etwas Neues treten: ein veritables europäisches Mächtekonzert, ein «Sicherheitssystem». Man konnte sich hier auf Gedanken des britischen Premiers Pitt berufen, der schon 1804/05 als Ziel der englischen Politik formuliert hatte, eine politisch-territoriale Gesamtordnung Europas herzustellen, die durch die Großmächte gemeinsam zu garantieren wäre und zu deren Interessenausgleich London auch durch koloniale Konzessionen beitragen wolle. Sosehr in den Jahren und Monaten vor dem Kongress – etwa in der Präambel des Vertrags von Chaumont («le rétablissement d'une juste équilibre des Puissances») – und während der Wiener Monate das Schlagwort vom Gleichgewicht der Kräfte bemüht worden war, in aller Regel mit ganz unterschiedlichen Konnotationen: Eine Rückkehr zu einem staatlichen Nebeneinander alten Stils, das das absehbare Gegeneinander nicht ausschloss, durfte es nicht geben. Napoleon und seine angestrebte «Universalmonarchie» hatten die Mächte ein Umdenken gelehrt.

Der zeitliche Druck, der durch die Rückkehr Napoleons und die sich anschließenden militärischen Auseinandersetzungen bis zur Schlacht von Waterloo (Belle-Alliance) (18. Juni 1815), in der Wellington und Blücher gemeinsam über Napoleon triumphierten, entstand, ließ es in Wien nicht zu dieser Abrundung des Wiener Vertragswerks kommen. Man muss diese Feststellung freilich dadurch relativieren, dass die Siegermächte in einem Allianzvertrag vom 25. März 1815 vereinbart hatten, den Bund von Chaumont förmlich zu erneuern und den (1.) Pariser Frieden und die bisherigen Kongressabmachungen «gegen jeden Angriff und besonders gegen die Pläne Napoleon Bonapartes» zu verteidigen. Das war für Zar Alexander, der nun zum Motor dieser Ergänzungsvereinbarungen wurde, ein eminent wichtiger Schritt, weil damit der englisch-französisch-österreichische Geheimvertrag vom frühen Januar, der sich der damals noch ungeregelten Sachsen-Polen-Problematik schuldete, faktisch ausgehebelt wurde und Russland die Rückkehr an die Seite der Vertragschließenden ermöglichte. In diesem Kontext wurde dann auch schon der Gedanke geboren, dass sich die acht Signatarmächte von Paris zu einer feierlichen Garantieerklärung bereitfinden sollten, jedem Versuch einer Störung der gefundenen Ordnung durch gemeinsame Schritte und mit allen zur Verfügung stehenden Mitteln zu begegnen. Dieser Plan war im raschen Zugriff wegen der Weigerung Großbritanniens zwar nicht zu realisieren, aber London ließ sich immerhin auf eine feierliche Erklärung ein, die ihm ein Einspruchsrecht in allen europäischen Streitfragen sicherte. Wegen der lang andauernden Unsicherheit, ob sich Napoleon mit seiner nach wie vor beachtlichen Popularität am Ende in Frankreich doch noch durchsetzen würde, dauerte es freilich bis in den Herbst 1815, bis die Anti-Napoleon-Koalition dem jetzt wieder unter die Herrschaft Ludwigs XVIII. zurückgekehrten Frankreich neue Friedensbedingungen vorlegte, die dem Sicherheitsbedürfnis der Anrainer viel mehr Tribut zollten, als in Wien angedacht worden war – Frankreich war auf einmal wieder in die Rolle eines Parias, eines notorisch unzuverlässigen Partners, verwiesen worden, das radikale Stimmen nun an eine deutlich kürzere Leine zu nehmen gedachten. Schon seit dem Juli 1815 hatten in der englischen Botschaft in Paris die wichtigsten Diplomaten von Wien – Wellington, Castlereagh, Metternich, Nesselrode, Hardenberg, Humboldt, dazu die Militärs Gneisenau und Knesebeck – die Vorberatungen dafür geführt, dabei zwar auch die ziemlich rüde Vorgehensweise der preußischen Soldaten in Bezug auf Kontributionen erörtert, aber sich doch eher mit einem politischen Gesamtkonzept zur Kontrolle Frankreichs beschäftigt, die nun längerfristiger geplant wurde als zuvor. Denn die Dinge schienen zeitweise wieder auf eine Lösung à l'Ancien Régime zuzulaufen: Es gab einen Verlierer aus eigenem Verschulden, und es gab eine Siegerkoalition, die sich anheischig machte, eine Art Friedensdiktat zu erlassen. Die Besetzung Frankreichs und seiner Hauptstadt durch alliierte Truppen sollte zu einem Trauma der kollektiven französischen Erinnerung werden.

Die Gefahr, dass es zu einer Art Hegemonialallianz unter russischen Vorzeichen zu Lasten Frankreichs kommen würde, wurde dann jedoch von Großbritannien (und seinen Subsidien) gebannt. Der (2.) Pariser Friede mit einigen Zusatzvereinbarungen über die deutsche Territorialverteilung (Österreich, Bayern, Preußen, Hessen-Darmstadt) in seinem Gefolge wurde am 20. November 1815 unterzeichnet, der Frankreich, dessen Repräsentanten über das Ausmaß des ihnen jetzt Zugemuteten in höchste Bestürzung gerieten, für fünf Jahre der militärischen Kontrolle einer unter dem Kommando des Siegers von Waterloo stehenden «Europäischen Armee» unterstellte, wobei nach Ablauf von drei Jahren zu überprüfen wäre, ob die Fortschritte der Ordnung und inneren Befriedung einen Stand erreicht hätten, der die Lockerung oder Aufhebung dieser militärischen Kontrolle rechtfertigte. Zusammen mit der Zahlung von Kriegsentschädigungen in nicht unbeträchtlicher Höhe und der Übernahme der Besatzungskosten wurde das in Frankreich als ein empfindlicher Prestigeverlust empfunden, andererseits aber ließen die Alliierten keinen Zweifel an ihrer grundsätzlichen Perspektive: Frankreich auch ohne seinen «Sprecher» Talleyrand, der in Ungnade gefallen war und dessen Strahlkraft auch bei seinen Ministerkollegen aus Wien dramatisch gelitten hatte, so früh wie möglich wieder als vollgültiges Mitglied in die Gemeinschaft der Großmächte zurückzuführen.

Es unterliegt keinem Zweifel, dass diese Wendung der Dinge auf einer Grundvoraussetzung beruhte: Mochten die Frankophobie in Britannien und die Anglophobie in Frankreich wenigstens unterschwellig Faktoren des öffentlichen Bewusstseins geblieben sein und bleiben, in der Realpolitik gehörte der das 18. Jahrhundert prägende Kampf Londons und Paris' um die Vorherrschaft auf dem Kontinent und auf den Meeren seit 1814 der Vergangenheit an. Beide Seiten suchten – ein völlig neues Moment in der europäischen Staatenpolitik – wenigstens eine begrenzte Partnerschaft, aus der Sicht Whitehalls, um Russland im Zaum zu halten, um Ludwig XVIII. und seiner Dynastie den Thron zu bewahren und um Einflussmöglichkeiten auf die französische Politik zu behalten. Ob man so weit gehen kann wie Schroeder, der geradezu von einer «entente» spricht, mag dahingestellt bleiben; unstrittig ist aber, dass hier eine kleine politisch-diplomatische Revolution mit erheblichen Folgewirkungen vor sich ging.

Die andere Voraussetzung dieser alles in allem überraschenden Wendung der Dinge war, dass sich allen Animositäten zum Trotz Whitehall und Petersburg bereitfanden, nach Waterloo nicht auf die erheblichen Revisionswünsche vor allem von deutscher Seite zum Nachteil Frankreichs einzugehen, sondern zu der Linie zurückkehrten, trotz der neuerlichen Herausforderung eine dauerhafte Friedensordnung ins Leben zu rufen, die Frankreich nicht zu lange in seiner Paria-Position beließ.

Die in Paris versammelten Minister der Mächte gingen nämlich über diesen neuen Friedensschluss noch hinaus: Sie erneuerten zugleich die 1814 und 1815 geschlossene Viererallianz (Quadrupelallianz) mit ihrer Spitze gegen jeden allfälligen Versuch irgendeines Napoleoniden, in Frankreich an die Macht zu kommen. Auf englische Veranlassung wurde zur Umsetzung dieses Vertrags in Art. 6 vereinbart, dass von Zeit zu Zeit, also bei Bedarf, Zusammenkünfte der Monarchen oder ihrer Minister stattfinden sollten «zur Beratung über ihre gemeinsamen Interessen, und zur Erwägung der Maßnahmen, die jeweils als heilsam zu betrachten sind für die Ruhe und das Wohlergehen der Nationen und die Aufrechterhaltung des Friedens von Europa». Drei Jahre später, auf dem (ersten) Folgekongress von Aachen, wurde die Perspektive des (2.) Pariser Friedens dann tatsächlich umgesetzt und Frankreich ohne jede weitere Diskriminierung feierlich wieder in den Kreis der Großmächte aufgenommen – eine Union, die für sich reklamierte, die in Europa geschaffene Ordnung nach konservativen Prinzipien und gemäß den Grundsätzen des Völkerrechts zu bewahren. Schon die kleineren Unterzeichnerstaaten der Wiener Kongressakte hatten an diesem Kartell keinen Anteil mehr. Der Aachener Kongress von 1818 schuf dann auch die Instrumentarien, um zu gewährleisten, dass die Wiener Ordnung, die auf dem Schulterschluss der Großen beruhte und den Kleinen keine Mitsprache einräumte, in einem konservativen Sinn aufrechterhalten wurde: durch die Vereinbarung weiterer, fallweise einzuberufender Folgekonferenzen – die dann in Troppau (1820), Laibach (1821) und Verona (1822) stattfinden sollten – und durch ein System von Botschafterkonferenzen in Paris bzw. London, die die mittleren und kleineren zwischenstaatlichen Probleme (Koordination der Politik gegenüber Frankreich, die universelle Abschaffung des Sklavenhandels und die Bekämpfung der Barbaresken-Aktivitäten im Mittelmeer) zu lösen versuchten – und verstanden. Hier wurde in Form eines «Protokolls» der fünf Mächte ein neues völkerrechtlich-politisches Instrument aus der Taufe gehoben, auf das in seiner Funktion als «Clearingstelle des Mächtekonzerts» (Pyta) in der Folgezeit immer wieder zurückgegriffen werden sollte – beispielsweise bei der Regelung der Zukunft der mittelitalienischen Herzogtümer, bei der Lösung des Problems der norwegischen Schulden, bei spanisch-portugiesischen Differenzen in Südamerika –, auch wenn es bei einer vergleichsweise noch «schwach institutionalisierten Form lockerer Mächtekooperation» blieb (Pyta).

Dass das Wiener System im Wesentlichen allen nationalen Gärungen und liberalen Veränderungswünschen zum Trotz unverändert bestehen blieb, hatte freilich nicht nur etwas mit der neuen Technik der Systembewahrung zu tun und mit der Einsicht in Frankreich, dass es nicht opportun war, das System im Angedenken an eine glorreichere Vergangenheit noch einmal in Frage zu stellen, sondern auch damit, dass schon vor dem (2.) Pariser Frieden ein mehrseitiger Vertrag unterschrieben worden war, der diesen Beharrungswillen am besten spiegelte: die sog. Heilige Allianz. Gegründet auf Initiative Zar Alexanders, der sich religiös-spiritistischen Stimmungen unter dem Einfluss der Frau von Krüdener immer mehr öffnete, wurde dieser auf den 26. September 1815 datierte Vertrag zunächst von den drei «Ostmächten» – also Russland, Österreich und Preußen – unterschrieben und später dann von allen anderen europäischen Souveränen mit ratifiziert – abgesehen vom Osmanischen Reich, dessen förmliche Aufnahme in das Europäische Konzert noch vier Jahrzehnte auf sich warten lassen sollte, und von der Römischen Kurie sowie mit der Einschränkung, dass der britische Prinzregent sich nur für seine Person dem Vertrag anschloss. Diese von ihrer Grundidee einem kollektiven Sicherheitssystem vergleichbare «Heilige Allianz» ist sicher – in der Tradition «Heiliger Ligen» im 17. und 16. Jahrhundert stehend – eins der merkwürdigsten Dokumente des gesamten 19. Jahrhunderts, verpflichtete sie doch die Signatarmächte, hier noch einmal durchaus personifiziert in Gestalt ihrer Monarchen, zu einer Politik nach den Prinzipien der christlichen Religion – und das in einer Epoche, die sich längst von der Dominanz des Religiösen in der Politik gelöst hatte. Der Textentwurf des Zaren, der Diplomaten wie dem britischen Außenminister Castlereagh als Dokument «sublimen Mystizismus und Unsinns» erschien, war von Metternich, der in einer solchen Allianz ein Mittel zur Abstützung seiner systemkonservierenden Politik erkannte, so «rationalisiert» worden, dass die Überarbeitung mit der von den meisten Staaten favorisierten Beharrungspolitik übereinstimmte. Aber zugleich ist zu betonen: So innovativ der Gedanke eines kollektiven europäischen Sicherheitssystems auch war, an das sich der Initiator im Übrigen dann auch strikt hielt, und sosehr bestimmte Formeln und Formulierungen der «Heiligen Allianz» in der Folgezeit bemüht wurden, um das Festhalten an der bisherigen Ordnung zu unterstreichen, so wenig aktuelle rechtliche oder politische Bedeutung hat sie gewonnen, allenfalls in dem Sinn, eine russische

Hegemonie endgültig unmöglich gemacht zu haben. Metternich als Protagonist der restaurativ-reaktionären Tendenzen in der Innen- und Außenpolitik der Staaten und erst recht die Repräsentanten anderer Staaten haben aus der Sorge heraus, dass Außenpolitik kollektiviert werden könnte, immer viel stärker auf den Gedanken des Konzerts der Großmächte als konstituierendes Element der europäischen Politik rekurriert als auf die Bekundungen der «Heiligen Allianz». Metternich und Castlereagh machten sich Alexanders idealistisch-mystische Vision einer ewigen Union der christlichen Monarchen zunutze, ohne sie als Realisten jemals zu teilen.

Das aber verdient festgehalten zu werden: Die Arbeit des Kongresses wurde zwar im Juni 1815 mit der Unterzeichnung der Kongressakte formal abgeschlossen, die Arbeit der Diplomaten kann aber ohne den Blick auf die folgenden Monate und Jahre – die Heilige Allianz, die Quadrupelallianz, den Aachener Kongress und die dort beschlossenen Ergänzungen der Wiener Kongressakte – nicht angemessen gewürdigt werden. Man mag die Bewertung für eine einseitige Schlussfolgerung halten, weil sie das gesamte Unruhepotential, das in Europa nach 1815 aufkam, nicht entsprechend gewichtet, aber staatenpolitisch ist es nicht von der Hand zu weisen, dass der Wiener Kongress in diesem weiteren Verständnis Europa eine Friedensperiode garantiert hat, die bis in die 1850er Jahre andauerte. Die entscheidende Voraussetzung dafür war ein neues politisches Denken, das jüngst so resümiert wurde: «Die neue Wiener Ordnung verschob die Schwerpunkte des Mächtesystems, und zwar dergestalt, dass die Kooperation zwischen den Großmächten die Austragung von Mächterivalitäten als leitendes Prinzip ersetzte. Diese Verlagerung von der Konfrontation hin zur zwischenstaatlichen Zusammenarbeit hatte konsequenterweise zur Folge, dass neuartige Politikstrukturen geschaffen werden mussten, in denen [...] Krisenmanagement betrieben wurde» (Pyta).

Der Wiener Kongress und seine Folgedokumente als Ausgangspunkt eines europäischen Sicherheitssystems, wie es den Friedenspublizisten seit dem 17. Jahrhundert immer wieder vorgeschwebt hatte, also eines «neuen Europa»? Hätte sich dann

Bonaparte doch bestätigt fühlen können, der sich in seinem fernen Exil auf St. Helena rückblickend zu der Behauptung verstieg, sein ganzes Sinnen und Trachten sei gewesen, Europa in einen Föderativbund umzugießen und seine Zivilisation weltweit zu verbreiten? Dass hier keine Ideenkongruenz herrschte, wird im Folgenden zu zeigen sein. Aber ein europäisches Sicherheitssystem war es allemal, das sich 1815 bildete, das auf der Basis beruhte, dass Verträge fortan als staats- und nicht mehr personengebunden verstanden wurden und dass die «Kleinen» die Dominanz der «Großen Fünf» respektierten, solange ihre Unabhängigkeit und ihre Rechte gesichert waren. Insofern ist es auch nicht abwegig, wenn in der neueren Forschung, die soeben für die internationalen Beziehungen nach dem Wiener Kongress eine Phase des Booms erlebt, geradezu von einem «Sicherheitsrat» (Schulz) gesprochen worden ist, der dieses Friedenssystem überwachte. Und dass die These von einem Sicherheitssystem nicht abwegig ist, spiegelt sich auch darin, dass nach den Ratifikationen der direkt signierenden Mächte im Lauf der nächsten Jahre nicht weniger als 33 weitere Beitritte europäischer Staaten und deutscher Territorien folgten, so dass die «Wiener Schlussakte» dann erst 1820 publiziert wurde. Die Einladung an alle europäischen Staaten, dem Vertrag beizutreten, die in Münster 1648 noch ungehört verhallt war, fand ein breites Echo.

Akteure und Aktricen

Der Wiener Kongress unterschied sich grundlegend von seinen Vorgängern im 18. und 17. Jahrhundert dadurch, dass die Staatsoberhäupter wenigstens der Großmächte persönlich an ihm teilnahmen, obwohl sie niemals in den für die praktische Arbeit eingerichteten Komitees auftraten, sondern sich auf Hintergrundgespräche und auf Besprechungen mit ihrem Stab konzentrierten. Das hatte eine ganz eigenartige Dynamik zur Folge;

denn sosehr sich die Monarchen, die ausnahmslos in der weitläufigen Hofburg untergebracht waren und dort auch verpflegt wurden und unzählige Equipagen rund um die Uhr zu ihrer Verfügung hatten, in der Öffentlichkeit betont «bürgerlich» gaben und Harmonie zu demonstrieren suchten – in letzter Instanz waren sie natürlich trotzdem Rivalen, die zudem vor der Öffentlichkeit ihre ganz persönlichen Stärken auszuspielen suchten. Aber nach außen hin gab man sich «kollegial» und verwandtschaftlich – dazu trugen u. a. die gegenseitigen Ordensverleihungen bei und auch die Ehrenkommandanturen von Regimentern, die man den «Cousins» verlieh. Ihre Unterbringung in der Hofburg und die anderen genannten Annehmlichkeiten waren im Übrigen für den Wiener Hof nur durch eine ab 1. Januar 1815 greifende fünfzigprozentige Erhöhung der Erwerbssteuer gegenzurechnen, was die anfängliche Begeisterung weiter Teile der Wiener Bevölkerung über den *splendor* des Kongresses nach einigen Monaten dann doch deutlich abschwächte. Man muss diese exorbitante Großzügigkeit zudem vor der Folie des österreichischen Staatsbankrotts von 1811 sehen, der solche exorbitanten Ausgaben wenigstens nicht nahelegte.

Als Gastgeber fungierte Franz I., mit dem Franz Grillparzer in seinen *Tagebüchern* recht hart ins Gericht gegangen ist – bis hin zu der Bemerkung, seine Natur sei «ordinär» gewesen, und zu dem Verdikt: «Es war keine Elevation, keine Art Hoheit in ihm». Zu dieser Einschätzung mag sein Äußeres beigetragen haben. Nach übereinstimmenden Äußerungen von Kongressteilnehmern wirkte er eher gebrochen und alt, von schmächtiger Gestalt und mit einem leicht gekrümmten Rücken – auf dem Parkett war gewiss nicht er die Gestalt, die die Blicke auf sich zog. Manche Beobachter haben ihn zudem als ziemlich schüchtern charakterisiert, was aber offenbar nicht verhinderte, dass er in der Wiener Bevölkerung eine gewisse Popularität genoss. Der Genfer Bankier Eynard schilderte sein Gesicht als «äußerst geistig», aber er sei wenig geistreich. Eher den Typus des guten Familienvaters verkörpernd, galt der Kaiser immerhin manchen als «listig und hinterlistig». Er hatte seine eigentliche Residenz, die Wiener Hofburg, zugunsten der anderen Monarchen geräumt und sich zusammen mit seiner Familie nach Schönbrunn zurückgezogen, also in das Weichbild der Stadt Wien.

Neben dem Kaiser waren in Wien aus der kaiserlichen Familie vor allem präsent sein Bruder Erzherzog Johann, dem der Ruf nachhing, militärisch ohne Fortune geblieben zu sein, dem sich aber ein bemerkenswertes Tagebuch verdankt, sowie sein ältester Sohn Ferdinand, der Kronprinz und nachmalige Kaiser Ferdinand I. (1835–1848), der schon während des Kongresses nicht mehr im Vollbesitz seiner geistigen Kräfte war. Seine Ehefrau, die aus dem Haus Este stammende, von allen Beobachtern ob ihrer Kunstliebe und ihrer Heiterkeit gerühmte Maria Ludovica, litt eigentlich eher unter den gesellschaftlichen Verpflichtungen, die ihr der Kongress aufbürdete, fand aber ihren eigenen Stil, sich über kleinere Feste in ihren «Kammern» in das Kongressgeschehen einzubringen.

Während Franz I. mit dem Fürsten Metternich einen Mann als Außenminister an seiner Seite hatte, der ihn der Mühe enthob, selbst politische Visionen zu entwickeln, sah das bei dem russischen Kaiser Alexander I. etwas anders aus. Der Zar war mit einem ganzen «Team» von Ministern und Beratern in die Donaumetropole angereist, die für einzelne Sektoren der Verhandlungen zuständig sein sollten – der Freiherr vom Stein beispielsweise für die «deutsche Frage», Fürst Czartoryski für die Polen Problematik –, die in der Praxis dann aber doch oft genug gegeneinander arbeiteten und nicht an einem Strang zogen. Begünstigt wurde das auch dadurch, dass der Romanow selbst stark von wechselnden Stimmungen und einer schwärmerischen Hinwendung zum Ideal vom zukünftigen «Glück der Völker» abhängig war und nicht in jeder Hinsicht eine stimmige und konsequente Politik verfolgte – bezeichnenderweise agierten in Wien zwei Männer als faktische Außenminister (Nesselrode, Capodistrias), die ganz unterschiedliche politische Visionen hatten. Er hatte sich schon deutlich vor Beginn der Wiener Verhandlungen durch eine ganze Phalanx von Beratern, die ausnahmslos politisch unselbständig gewordenen oder in Frage gestellten Nationen angehörten – dem Schweizer La Harpe, dem Italiener Piattoli, dem Polen Czartoryski, dem Griechen Capodistrias und anderen –, für den Gedanken einer universalen Völkerordnung auf der Basis rationalistischer Humanitätsvorstellungen einnehmen lassen, der weniger in der Wiener Tagespolitik, dafür aber umso stärker nach Abschluss des Kongresses zu Buche schlug. In Wien fiel der Fürst, der sich zeitlebens mit dem Selbstvorwurf wenigstens einer Mitschuld an der Ermordung seines Vaters Paul quälte und sich deswegen häufig auch religiös-mystischen Schwärmereien und überhaupt einer engen Verbindung von Religion und Politik hingab, einerseits seiner beharrlich verfolgten und letztlich am Politischen Testament Peters des Großen orientierten Politik wegen auf, sein Imperium in strategisch wichtigen Regionen (Polen, Bessarabien, das er sich im Bukarester Frieden von 1812 gesichert hatte, Finnland) zu arrondieren, andererseits wegen seiner vielen amourösen Affären. Sie spielten sich zum Teil unter den Augen seiner badischen Gemahlin ab, und ihnen kam durchaus auch eine politische Funktion zu, weil er in einigen Fällen mit Metternich um dieselben Frauen konkurrierte. Auf zwei dieser «Aktricen» wird noch zurückzukommen sein. Das ganze gesellschaftliche Treiben auf dem Kongress und die substantielle Arbeit, die zu leisten war, sind von ernsthaften Historikern gelegentlich zu einer Art Duell zwischen Alexander und Metternich zugespitzt worden.

Alexander galt dem Wiener Publikum als ein schöner Mann, dessen Gestalt majestätisch wirkte und dessen Lächeln viele, nicht nur Frauen, zu bezaubern vermochte. Sowenig sein österreichischer Standesgenosse die Bälle und die Soireen «beherrschte», so sehr galt das für Alexander. Die Anekdote machte in Wien die Runde, er habe einmal nach vierzig durchtanzten Nächten einen Schwächeanfall erlitten. Er war freilich nicht nur ein «Salonlöwe», sondern zugleich, vor allem nach der Jahreswende 1814/15, ohnehin für ihn eine Zäsur in Richtung einer neuen religiös-spirituellen Phase seines Lebens, ein akribischer Arbeiter und Aktenleser, was den Staatssekretär Nesselrode gelegentlich zu der Bemerkung veranlasste, ihm bleibe nichts zu tun übrig. Er gab sich häufig recht volksnah, begünstigt auch dadurch, dass er sowohl das Französische – selbstverständlich! – als auch das Deutsche beherrschte.

Begleitet wurde der Zar von seiner (badischen) Gemahlin Elisabeth Alexiowna, dem Kaiserbruder Konstantin Pawlowitsch, dem militärverrückten Thronfolger, der dann aber auf die Nachfolge Alexanders verzichtete, zwei Großfürstinnen sowie einer ganzen Ministerriege und einem Gefolge, das mit über 60 Personen zu den größten des Kongresses zählte. Unter den Großfürstinnen erregte die jüngere Schwester des Kaisers, Katharina Pawlowna, Aufsehen, die in erster Ehe mit dem Herzog von Oldenburg verheiratet war, sich in Wien dann aber zunächst in Erzherzog Karl verliebte und – als diese Liaison hintertrieben wurde – in den württembergischen Kronprinzen, den sie dann auch heiraten sollte.

Der preußische König Friedrich Wilhelm III. ist von den Kongressbeobachtern gelegentlich als «Adjutant» des Zaren eingeordnet worden, und damit scheint sein Platz in der Hierarchie der Monarchen wohl nicht unzutreffend charakterisiert worden zu sein. In seiner Außenpolitik in der napoleonischen Zeit ziemlich widersprüchlich und unentschlossen, in seiner Innenpolitik ohne jeden großen Atem und die Dinge eher seinen Ministern überlassend, zählt der Hohenzollernkönig gewiss nicht zu den großen Persönlichkeiten auf dem Berliner Thron. Nach wie vor unter dem frühen Tod seiner Gemahlin Luise (gest. 1810) leidend, spielte Friedrich Wilhelm auf dem Kongress eher die Rolle eines einem irrealen Projekt Nachjagenden – Erwerb ganz Sachsens und Nachweis einer Gesamtpopulation von 12 Mio. Einwohnern – und stand ganz im Schatten Kaiser Alexanders, den er einerseits verehrte, andererseits in Bezug auf Ausstrahlung und Wirkung auf das Wiener Publikum nie erreichte. Er zählte, scheu, unsicher und linkisch, wie er nun einmal war, auch nicht zu den Persönlichkeiten, die die Bälle und Soireen prägten; seine Verbindung zu der schönen ungarischen Gräfin Zichy («La Beauté Céleste») blieb mit Gewissheit platonisch. Bezeichnend schließlich Wilhelm von Humboldts Urteil über den Monarchen als «Führungsfigur»: «Den König sehe ich in Geschäften eigentlich gar nicht, was im Grunde ein Gewinn ist». Er wurde den großen Schatten Friedrichs des Großen niemals los. Nach dem Kongress sollte Friedrich Wilhelm, der in Wien von den Prinzen

Wilhelm und August begleitet wurde, die ihrer Leichtlebigkeit wegen häufig Anstoß erregten, zu einem der striktesten Protagonisten der Metternichschen Status-quo-Politik werden.

Der britische König Georg III. nahm seiner schweren psychischen Erkrankung wegen an dem Kongress ebenso wenig teil wie sein Sohn und Stellvertreter, der gleichnamige Prinzregent, der nachmalige König Georg IV. (1820–1830). Der Besuch der Monarchen der Allianz und ihrer Minister in London im Sommer 1814 hatte auch dem Zweck gedient, einander wenigstens persönlich kennenzulernen und die Grundlinien der künftigen Kongresspolitik zu besprechen. Dass Frankreichs neue Dynastie, die in England ja Asyl gefunden hatte, in Whitehall, in Buckingham und in der City sehr schnell Akzeptanz finden würde und Talleyrand nicht ohne Erfolg auf der Klaviatur einer westeuropäischen Kooperation zur Eindämmung der Expansionsabsichten der «Ostmächte» zu spielen begann, war damals noch nicht recht absehbar, wurde aber spekulativer, seit Castlereagh auf seiner Reise nach Wien einen 48-stündigen Zwischenstopp in Paris einlegte.

Auch Ludwig XVIII. verzichtete mit guten Gründen auf seine Teilnahme an dem europäischen Monarchentreffen. Die innenpolitische Lage der restaurierten Monarchie war noch längst nicht als stabil zu bezeichnen, die Wirtschaft, die Steuern, die drastische Kürzung der Militärausgaben, die Rückkehr zu einer begrenzten Zensur, die Kirchenpolitik sorgten für viel Zündstoff und Unruhe, es gab Regionen, in denen der Bonapartismus noch erkennbaren Überlebenswillen zeigte, und es wäre insgesamt wohl leichtfertig gewesen, dem Königreich für Wochen oder Monate den Rücken zu kehren und sich in das Wiener Gesellschaftsleben zu stürzen. Es wäre wohl auch nicht ohne eine gewisse Pikanterie gewesen, am Hof eines Monarchen ausgehalten zu werden, der sich einer dynastischen Verbindung mit dem Exkaiser nicht widersetzt hatte.

Die anderen auf dem Kongress anwesenden gekrönten Häupter mögen mit wenigen Strichen charakterisiert und eingeordnet werden: der bayerische König Maximilian I. Joseph, der sich rasch vom Saulus (engagierter Anhänger Napoleons, dem er auch den Königstitel verdankte) zum Paulus (heftiger Antinapoleonismus) wandelte, der nach dem Urteil eines Beobachters in Wien eher wie ein «grober, verdrießlicher bayerischer Fuhrmann» auftrat und trotz oder wegen seiner manchmal derben Worte nicht immer ernst genommen wurde, freilich in mancher Hinsicht – etwa bei der Gestaltung des Deutschen Bundes – dann doch als Protagonist eines extremen Föderalismus für manche zum «Sündenbock» wurde; der Württemberger Friedrich I., auch er König von Napoleons Gnaden, ein geschworener Feind sowohl Bayerns als auch aller deutschen Einigungsbestrebungen, stark übergewichtig («monstre Württembergeois») und – was in Wien in den Gassen die Runde machte – homosexuell veranlagt, der nur deshalb in der Kaiserstadt eine einigermaßen gute Presse bekam, weil er mit Trinkgeldern sehr großzügig umging; sein Namensvetter mit der Ordnungszahl VI., König von Dänemark, der schon vor dem Kongress für sein enges Verhältnis zu Napoleon bitter bestraft worden war (Helgoland fällt an Großbritannien, Norwegen an Schweden) und auch in Wien in Gestalt des kleinen Herzogtums Lauenburg nur noch eine bescheidene Arrondierung seines nun recht überschaubaren Königreichs erreichte, ein Monarch immerhin, der in Wien zu den beliebtesten und volkstümlichsten fremden Königen avancierte und von dem auch als besonders rühmenswert hervorgehoben wurde, dass er seine aus einfachen Verhältnissen stammende Wiener Mätresse mit einer lebenslänglichen Pension ausstattete. Die Napoleoniden wie Eugène Beauharnais, der Vizekönig von Italien, der russische Kaiserbruder Großfürst Konstantin, der «unbeherrscht-geniale» bayerische Kronprinz Ludwig oder der württembergische Kronprinz Wilhelm mögen hier ebenso außer Betracht bleiben wie die Fürsten der kleineren deutschen Häuser, etwa Sachsen-Coburg, Hessen-Kassel oder Hessen-Darmstadt, die neben vielen anderen Kleinfürsten zu den «politischen Festspielen» geeilt waren, um zu «erkunden, auf welche Weise das hohe Tribunal die Grenzen ihrer kleinen Staaten beschneiden und benagen würde» (La Garde).

Stattdessen gilt es, das Augenmerk den leitenden Ministern zuzuwenden, die in der Regel weit stärker als ihre Fürsten das

Kongressgeschehen bestimmten. Unter ihnen kommt dem «Gastgeber», dem österreichischen Außenminister und späteren Staatskanzler Fürst Klemens Wenzel Lothar Nepomuk von Metternich, sicher der erste Rang zu.

Metternich, altem rheinischen Stiftsadel entstammend, der in den Domkapiteln von Trier und Mainz traditionell eine große Rolle spielte, war wie sein Vater schon als junger Mann in kaiserliche Dienste getreten. Er hatte am Rastatter Kongress teilgenommen, der die Liquidation des Reiches vorbereitete, und war dann von Kaiser Franz zum Botschafter auf verschiedenen Posten, u. a. in Paris, ernannt worden, wo er tiefe Einblicke in das napoleonische System gewann. Als Außenminister hatte er eine keineswegs widerspruchsfreie Politik gegenüber Napoleon vertreten und war schon unmittelbar nach der Völkerschlacht bei Leipzig und während des Vormarsches der alliierten Heere nach Frankreich immer wieder für die Verständigung mit Frankreich, unter welcher Dynastie auch immer, eingetreten. Mit Talleyrand verbanden ihn gemeinsame Grundüberzeugungen; dass der französische Außenminister und der ehemalige österreichische Botschafter in Paris wieder zueinanderfinden würden, wurde schon früh gemutmaßt. In Wien, wo sein Dienstsitz am Ballhausplatz zum Zentrum des Kongresses wurde, sollte seine Politik vor allem darauf abzielen, die territorialen Ansprüche der Verbündeten in Berlin und St. Petersburg zurückzuweisen bzw. zu begrenzen; da Österreich kaum eigene Arrondierungen anstrebte, war Metternich sozusagen die Rolle des «ehrlichen Maklers» auf den Leib geschneidert. Nach dem Wiener Kongress sollte er zur Inkarnation einer auf dem Prinzip der Legitimität fußenden Restaurationspolitik werden und damit auch zu einer Reizfigur für die europäischen Liberalen und die Gegner der Politik der Heiligen Allianz. Ironischerweise floh er 1848 vor der Revolution nach England, das mit dem Metternichschen System immer die meisten Schwierigkeiten gehabt hatte, um dann aber nach Österreich zurückzukehren und kurz vor der Schlacht bei Solferino sein Leben zu beschließen.

Seine Rolle auf dem Kongress war politischer, aber auch protokollarischer Natur. Dem Kongressort entsprechend, hatte Talleyrand schon in einer der ersten Sitzungen der Minister Metternich den Vorsitz angetragen; nachdem er diese Funktion mit Zustimmung seines Monarchen am 31. Oktober 1814 förmlich übernommen hatte, galt er im allgemeinen Sprachgebrauch als Präsident des Kongresses, dem bei aller Strukturierung seines Wochenplans – freilich eher von Außenseitern – wohl auch einmal eine gewisse Nachlässigkeit und Konfusion in seinem Direktorium vorgeworfen werden sollte.

Metternich, an dessen politischen Fähigkeiten niemand einen Zweifel hatte, galt gleichwohl vielen in Wien versammelten Angehörigen der politischen Elite als ein Ausbund an Widersprüchen: prinzipienlos und hinterhältig, wenn es um die Interessen seines Staates ging, unbestechlich auf der anderen Seite, liebenswürdig im Umgang mit Dritten, charmant gegenüber Frauen, aber auch mit einer scharfen und häufig ironischen Zunge ausgestattet – an seiner Person schieden sich die Geister. Im österreichischen Altadel, aber auch in der Entourage seines ebenfalls aus dem «Reich» stammenden Vorgangers Graf Stadion hatte er eine Menge geschworene Feinde. Und er tat auch seinerseits viel, um den ihm vorauseilenden Ruf des Leichtsinns, der Leichtlebigkeit und der Arbeitsscheu zu nähren und zu befördern.

Dazu trug bei, dass er, obgleich gefürstet, doch von eher bescheidener Herkunft, die Monarchen in Wien, seinen eigenen eingeschlossen, durchaus auf Augenhöhe, wenn nicht von oben herab behandelte. Seine Auseinandersetzungen mit dem Zaren – ob wegen politischer Meinungsverschiedenheiten oder wegen konkurrierender Bemühungen um Frauen – waren legendär und haben Alexander verschiedentlich bewogen, bei seinem österreichischen Pendant um die Abberufung Metternichs einzukommen; und er stand mit dieser Forderung längst nicht allein. Die englischen Minister begannen Metternich bald zu misstrauen, weil seine Politik nur aus Tricks bestehe, Hardenberg sagte ihm Schwäche und Leichtsinn nach, für den Freiherrn vom Stein war Metternich schlicht die Inkarnation von Frivolität. Seine (verflossenen) Liebschaften wie die Fürstin Bagration taten ein Übriges, an seinem Sockel zu sägen. Friedrich von Gentz, der «Sekretär des Kongresses», hat dieses Widerspruchsvolle bereits vor Beginn des Wiener Treffens in die Worte gekleidet: «Der Minister ist immer mit hundert Dingen und vielleicht etwas zu sehr mit seinen eigenen Interessen beschäftigt; er besitzt Begabung und Geschick und Unerschrockenheit, ist aber leichtfertig, oft von Zerstreuungen in Anspruch genommen und von sich selbst erfüllt. Sollte ihm sein Stern treu bleiben – denn er hält sich für vom Glück begünstigt –, dann wird er wohl imstande sein, sich und Österreich in angemessene Verhältnisse zu bringen.» Dass es ihm gelang, Österreich in «angemessene Verhältnisse» zu bringen, dass er seinen Staat an die Spitze der Staatenhierarchie führte und entscheidend mit dafür sorgte, dass das Ruhebedürfnis Europas nach dem Vierteljahrhundert der Kriege zu seinem Recht kam – das alles steht dabei außer Frage.

Zur österreichischen «Delegation» zählte außer Metternich noch der Bruder des Konstanzer Generalvikars Wessenberg, auf den unten zurückzukommen ist, Johann von Wessenberg, aus einem breisgauischen Geschlecht stammend, stark die österreichischen Eigeninteressen unterstreichend und von der Wiener Polizei gelegentlich des Liberalismus verdächtigt. Er hatte sich seine diplomatischen Sporen als Gesandter in London verdient, wurde in Wien aber in eher zweitrangigen Komitees verwendet. Aus dem Kreis der nachgeordneten Beamten soll wenigstens der Dichter Friedrich von Schlegel hier Erwähnung finden, der seit 1808 als Sekretär an der Hof- und Staatskanzlei tätig war.

Längst nicht so dominant und umstritten wie Metternich war der britische Gesandte Robert Stewart Viscount Castlereagh, seit Jahren im Londoner Kabinett Liverpool die Seele des Kampfes gegen Napoleon und in Wien sicher einer der klügsten und auf Kompromisse zielenden Diplomaten. Da sein kranker und nicht regierungsfähiger Monarch und auch der Regent an dem Kongress nicht teilnehmen konnten, war er in der Donaumetropole die Stimme Londons, die freilich ihrer nur unvollkommenen Beherrschung der französischen Sprache und ihrer notorischen Unkenntnis auch nur elementarer geographischer Verhältnisse auf dem Kontinent wegen etliche Kritik auf sich zog. Seiner unzureichenden Französischkenntnisse wegen waren die Organisatoren gezwungen, zu den Sitzungen der Komitees, an denen er teilnahm, einen Übersetzer abzuordnen, in der Regel den Freiherrn Franz von Binder, der im Übrigen auch selbst in einigen Kommissionen eine Rolle spielen sollte. Der Ire Castlereagh, der in Wien von seiner Gemahlin begleitet wurde und im Haus «Zum Auge Gottes» am Petersplatz residierte, ist in der Öffentlichkeit immer ein wenig als Karikatur wahrgenommen worden, wozu die als ungewöhnlich eingestufte Garderobe seiner Frau und deren wenig graziöse Erscheinung wesentlich beigetragen haben dürften. Ähnliches galt für seine Begleiter, den als etwas tollpatschig wahrgenommenen General Cathcart, bisher Botschafter in St. Petersburg, und seinen Halbbruder Stewart, dessen Prügelei mit einem Wiener Fiakerkutscher legendär wurde. Auf der anderen Seite wurde die Gastfreundschaft des Hauses Castlereagh gerühmt. Sein bleibendes Verdienst ist sicher darin zu sehen, in vielen brisanten Situationen mit Kompromissvorschlägen für Entspannung gesorgt und Großbritannien mit dem Gedanken eines dauerhaften kontinentalen Engagements vertraut gemacht zu haben, was nach der Entmachtung im Parlament und in der Öffentlichkeit keineswegs ausgemacht war, umso weniger, als der amerikanische Krieg ja noch beendet werden musste, der seit dem Sommer 1812 im Gang war und in dem es sowohl um territoriale Ansprüche als auch um Fragen des Seerechts ging. – Castlereagh sollte, durch den Scheidungsprozess seines Monarchen und durch das von ihm mit zu verantwortende Peterloo-Massaker, bei dem eine für eine Parlamentsreform demonstrierende Arbeiterrevolte blutig unterdrückt wurde, stark in die Kritik geraten, 1822 der publizistischen Hetzjagd gegen ihn durch den Freitod ein Ende bereiten.

Castlereaghs Anwesenheit in Wien beschränkte sich auf den relativ schmalen Zeitraum von Anfang Oktober 1814 bis Ende Januar 1815, ehe er aus innenpolitischen Gründen zur Parlamentseröffnung nach London abberufen wurde – aber hinter dieser offiziellen Begründung steckte wohl doch auch eine gewisse Frustration, dass Castlereagh sich gegen die gewieften kontinentalen Diplomaten, insbesondere Humboldt, so wenig hatte durchsetzen können. Dabei muss man diese Aussage freilich insofern relativieren, als die Grundzüge seiner Kontinentalpolitik, wie er sie im Frühjahr 1814 unter ausdrücklichem Rekurs auf Pitts Vision von 1805 formuliert hatte, durchaus zum Tragen gekommen waren: Preußen, Österreich und Russland als Gegengewichte gegen Frankreich, Wiederherstellung der alten, nicht national aufzuladenden Strukturen Deutschlands, Italiens und der Schweiz, Unabhängigkeit der Niederlande, Hannovers, Spaniens, Portugals und Siziliens. Die Frustration, die auch auf die öffentliche Meinung Londons durchschlug, rührte mehr von den Details her.

Seine Nachfolge in der Leitung der britischen Delegation trat ein bereits verdienter Militär an, der Herzog Arthur Wellesley von Wellington, der sich erste Meriten in Indien und im Befreiungskrieg gegen Napoleon in Spanien erworben hatte, ehe er sich im Hochsommer 1815 als Sieger von Waterloo endgültig seinen Platz in den Geschichtsbüchern sichern sollte. Aber Wellington setzte auch als Politiker weiterhin Akzente, vor allem als er 1828 an die Spitze des Kabinetts trat. Er wurde von den Kongressbeobachtern als ein schöner Mann beschrieben, als gescheit, gelegentlich auch ein wenig hochmütig, jedenfalls aber von jenem liberalen Geist erfüllt, der die englische Hocharistokratie auszeichnete. Graf Nostitz, ein zunächst in preußischen und dann in russischen Diensten stehender General und Schöngeist, beschrieb ihn in seiner Autobiographie so: «Er ist von großer Statur, seine Haltung ist zuverlässig, einfach und fest; er [...] hat eine sehr bestimmt römische Nase, eine hohe Stirn und frische, doch weder sehr glänzende, noch strahlende Augen. Er lässt die Leute ruhig sprechen und hört aufmerksam zu; seine Antworten kurz, sein Widerspruch artig. Es liegt in dem ganzen Wesen des Mannes mehr Ruhe als vorspringende Größe und ein Ernst, der viel Gefälliges hat.» Es gab in Wien auch kaum jemanden, der Anstoß daran nahm, dass er in Begleitung einer bekannten Sängerin namens Grassini anreiste, die sich zugutehalten konnte, schon einer ganzen Reihe Prominenter, darunter auch Bonaparte, als «ständige Begleiterin» gedient zu haben. Diese Liaison hat es aber nicht verhindert, dass Wellington in Wien auch noch anderen Frauen Avancen machte. Politisch war sein Denken eher schablonenhaft – Antirevolutionarismus, Legitimitat, was ihn im bourbonisch werdenden Frankreich den natürlichen Partner Großbritanniens sehen ließ – und wenig gestalterisch. Griewank schließt sein Kurzporträt Wellingtons mit dem Satz: «So oblag ihm als Platzhalter des Ministers nur, die angebahnten Beschlüsse auszugestalten und in den noch auftauchenden, für England zweitrangigen kontinentalen Streitigkeiten eine hochmütig interesselose Schiedstätigkeit auszuüben.»

Neben den schon genannten Personen zählte u. a. noch der bisherige Botschafter im Haag, Lord Clancartey, zur britischen Delegation.

Politisch viel diffiziler war die Rolle, die der französische Außenminister Charles-Maurice de Talleyrand auf dem Kongress spielte – und viel facettenreicher waren auch die Meinungen, die in Wien über ihn verbreitet wurden. Der ehemalige Priester und Bischof, Repräsentant des Konvents und Minister Napoleons, von 1795 bis 1807 die Funktion des Außenministers ausfüllend, der 1808 von dem Korsen abgefallen war und 1814 gemeinsam mit dem Zaren die Kehrtwendung vollzogen hatte, sich für die Bourbonen als «neue» Dynastie Frankreichs starkzumachen, wurde in Wien durch kluges Lavieren und zugleich energisches Auftreten, aber auch durch ein gerüttelt Maß an Intrigen zu einer der erfolgreichsten Persönlichkeiten. Sein Witz, seine geistreichen Dikta, seine geschliffenen Reden wurden rasch legendär. Dabei war der vom Äußeren her alles andere als «schöne» und zudem verkrüppelte – Hardenberg bedachte ihn mit dem Namen «der Bocksfüßige» («Monsieur Bocks Fuß») –, bestechliche und emotionslose Mann für die Reize von Frauen durchaus empfänglich, die er aber im Unterschied zu Alexander und Metternich immer nur benutzte, ohne zu ihnen tiefere Empfindungen zu entwickeln. Einer der «Konfidenten», die den österreichischen Behörden Spitzelberichte lieferten, charakterisierte ihn mit einiger Übertreibung so: «Er sieht aus wie ein Sagentier, halb Mensch, halb Schlange (weil er die Beine so nachzieht), oder wie ein alter, lahmer, betrunkener Dorfschulmeister.»

Wenn darin ein Unterton der Unterschätzung lag, so taten die österreichischen Behörden gut daran, dies nicht zum Maßstab ihrer Politik zu machen. Seine Politik kann man so zusammenfassen: Entsprechend den Bemühungen im Vorfeld des (1.) Pariser Friedens wollte er Frankreich wieder als gleichberechtigten Partner in den Kreis der Großmächte zurückführen, seine Verluste so gering wie möglich halten und die Siegermächte nicht zu Supermächten anwachsen lassen, eine Gefahr, die er vor allem bei Russland sah – sein Diktum machte die Runde, man dürfe nicht den einen Koloss (Napoleon) gestürzt haben, um einen anderen (Russland) aufzurichten. Seine Schlagworte wurden deswegen die «légitimité» und das «Gleichgewicht der Kräfte», für dessen Erhaltung Frankreich unverzichtbar sei, und sein Credo, dass jeder Teilnehmer des Kongresses mit einem bestimmten Maß an Unzufriedenheit nach Hause zurückkehren müsse.

Es hat die Zeitgenossen ebenso wie die Historiker immer wieder beschäftigt, wie schnell es Talleyrand – Diener sehr verschiedener Systeme und deswegen auf den ersten Blick durchaus diskreditiert – gelang, bei der «Gegenseite» wieder Akzeptanz zu finden. Das gründete zum einen darin, dass das «Werkzeug» Napoleons schon relativ früh gegen die französische Präponderanz in Europa Stellung bezogen hatte und deshalb vielen seiner Diplomatenkollegen seit Jahren als Verfechter einer traditionellen Gleichgewichtsdoktrin galt, der im Unterschied zu Bonaparte im französisch-britischen Antagonismus auch nicht eine Konstante sah, die auf ewige Zeiten Bestand haben musste. Notorisch war die Distanz zu Bonaparte im Umfeld des Erfurter Fürstentags 1808 geworden, als er gegenüber Metternich und anderen, insbesondere dem Zaren, mit seiner Kritik an des Kaisers schrankenloser Hegemonialpolitik nicht mehr hinter dem Berg hielt und dadurch seine Zugehörigkeit zu einer politischen Kaste unterstrichen hatte, für die die Prinzipien und die politische Praxis des Ancien Régime ihren Wert behalten hatten. Und man hatte es ihm schließlich auch nicht vergessen, dass er maßgeblich an der Beseitigung der napoleonischen Dynastie beteiligt gewesen war. Es war insofern auch kein Zufall, dass Talleyrand es war, der den ersten Entwurf des Ächtungsdekrets gegen den zurückgekehrten Bonaparte verfasste, der dann aber wegen etlicher «ungebührlicher», also zu scharfer Formulierungen von Gentz überarbeitet wurde. Den völligen Bruch mit seiner eigenen Vergangenheit hatte er einige Monate früher auch bereits dadurch unter Beweis gestellt, dass er im Stephansdom eine Totenfeier für den 1793 hingerichteten Ludwig XVI. angeregt und organisiert hatte, den Bruder des aktuell regierenden Bourbonenkönigs, für die der Komponist Neukomm ein Requiem für zwei vierstimmige Chöre komponiert hatte.

Der ehemalige Bischof wurde indessen eines nicht: zu einem Protagonisten oder gar Erfüllungsgehilfen der kurialen Restitutionspolitik. Talleyrand war, auch wegen seines mehrfachen theologischen Umschwenkens, in klerikalen Kreisen hochverdächtig und hatte sich wohl auch innerlich von seiner Kirche längst entfernt. Der päpstliche Nuntius Consalvi hatte in ihm bei seinem zentralen Anliegen, der Restitution der norditalienischen Legationen, keine Stütze.

Talleyrands Politik in Wien ist durch seine edierte Korrespondenz mit seinem König und durch seine Memoiren besonders gut nachzuvollziehen. Er bezog in Wien ein Domizil unter den Tuchlauben, nachdem sein ursprünglicher Plan, das Palais Kaunitz zu mieten, das ein früherer Protagonist der österreichisch-französischen Verständigung errichten ließ, sich nicht hatte realisieren lassen.

Als zweiter Delegierter des Bourbonenkönigs wirkte der Herzog Emmerich Joseph von Dalberg neben Talleyrand, ein Neffe des Exkurfürsten von Mainz und Fürstprimas Karl Theodor von Dalberg. Der in den Pairsrang erhobene ehemalige Reichsritter, der als Mitglied einer der angesehensten deutschen Niederadelsfamilien eine Ehrendame der Kaiserin Josephine geheiratet hatte, galt als ein enger Freund Talleyrands, der ihn auch vorgeschlagen hatte. Er kam ihm in Wien in den zentralen Fragen des Kongresses auch kaum in die Quere, umso weniger, als sein vordringliches Ziel darin bestand, auf die Gewährung einer Pension für seinen Onkel hinzuwirken. Dabei scheint er sich nicht immer sauberer Mittel bedient zu haben. Die weiteren Mitglieder der französischen Delegation waren der Graf Alexis de Noailles und der Marquis Frédéric De la Tour du Pin Gouvernet, der französische Gesandte in Wien, Ersterer ein Vertrauensmann des Königs, Letzterer weitgehend ununterrichtet.

An Bedeutung und an Durchsetzungsvermögen stand der preußische Staatskanzler Karl August Fürst Hardenberg hinter Talleyrand deutlich zurück. Der aus dem Hannoverschen stammende Mann, in seinem Privatleben ein ziemlich prinzipienloser Leichtfuß und politisch durch den von ihm abgeschlossenen «Schandfrieden» von Basel (1795) lange diskreditiert, durch den sich Preußen aus dem Krieg gegen das revolutionäre Frankreich zurückgezogen hatte, litt seit geraumer Zeit unter fortgeschrittener Schwerhörigkeit, was ihn ebenso wenig für das gesellschaftliche Leben prädestinierte wie für die von den meisten anderen Teilnehmern gesuchten erotischen Abenteuer – was nicht heißen soll, dass er in seiner Residenz nicht häufig weibliche Gäste zum Diner empfing. Mehr als andere konnte er sich infolgedessen – sein ediertes Tagebuch gibt einen Eindruck davon – ganz auf die praktische Arbeit – Aktenstudium, Teilnahme an den Sitzungen der Komitees usw. – konzentrieren und war überhaupt schon sehr gut vorbereitet nach Wien gekommen; bereits in Paris hatte er einen sehr detaillierten Plan für die künftige territoriale Ordnung Europas erarbeitet und mit Castlereagh und Metternich eingehend erörtert. Er galt als der mit Abstand fleißigste unter den führenden Ministern, zugleich als ein Mann, der diplomatische Schmiegsamkeit mit erheblicher Überredungskunst verband. Sein Einfluss bei dem zaghaften und unselbständigen Friedrich Wilhelm III. war freilich begrenzt, gelegentlich scheinen wirkliche Zerwürfnisse entstanden zu sein, vielleicht auch bedingt dadurch, dass Hardenberg fremden Einflüssen – und fremdem Geld – zugänglich gewesen zu sein scheint.

An Intellekt, an Durchsetzungsvermögen und an Ausstrahlung wurde Hardenberg sicher von dem zweiten preußischen Delegierten Wilhelm von Humboldt übertroffen, der ihn bei allen größeren Verhandlungen begleitete. Humboldt, der mit einer geistreichen Frau verheiratet war, mit der er einen liebevollen und tiefe Einblicke in das beiderseitige Seelenleben gewährenden Briefwechsel führte, als Repräsentant klassischer deutscher Kultur und Bildung mit verschiedenen geistigen «Riesen» seiner

Epoche befreundet und wenige Jahre vor dem Kongress Initiator und Gründer der Berliner Universität, hatte sich schon früh mit eigenen Entwürfen insbesondere zur Zukunft Deutschlands in die Materien des Kongresses eingearbeitet. Diesem politischen Feld sollte er dann auch in Wien im Wesentlichen treu bleiben. Der Metternichschen Politik, mit der er schon in seiner Zeit als preußischer Botschafter in Wien in Berührung gekommen war, stand er bei aller Übereinstimmung in Bezug auf die von Preußen und Österreich in Mitteleuropa gemeinsam zu vertretende Gleichgewichtspolitik eher kritisch gegenüber, war aber nach der Rückkehr Napoleons aus seinem Exil sofort bereit, die Differenzen mit Österreich hintanzustellen und gemeinsam gegen den Korsen vorzugehen. Das Verhältnis zu dem ihm formal vorgesetzten Hardenberg wurde in den Wiener Monaten schwieriger, was Gegnern Preußens nicht verborgen blieb. Generell wird sich sagen lassen, dass die preußischen Diplomaten im Wiener Ambiente keinen leichten Stand hatten – neben allen Differenzen in der Sache schlugen auch die antipreußischen Affekte, die sich auf die Anfänge der Regierungszeiten Friedrichs II. und Maria Theresias und den «Raub» Schlesiens zurückführen ließen, mehr als einmal durch. Nicht dass die Wiener geradezu ein «Feindbild Preußen» entwickelt hätten, aber das Langzeitgedächtnis spielte eine Rolle.

Einen relativ unübersichtlichen Eindruck machte die russische Delegation, die zudem auch deswegen oft im Hintergrund zu bleiben hatte, weil der Zar viele Materien an sich zog und sich dann auch mit Personen beriet, die nicht formal in russischen Diensten standen. Dem Rang nach an der Spitze der russischen Repräsentanten stand der nachmalige Staatskanzler Graf Nesselrode, der, aus einer westfälischen Familie stammend und bei den Vorbereitungen in enge Verbindung mit den Diplomaten der anderen Mächte getreten, mit seiner Gemahlin nach Wien gekommen war, aber von Anfang an mit manchen Materien nicht befasst wurde – die *Polonica* besprach Alexander viel eher mit dem polnischstämmigen Fürsten Adam Czartoryski oder auch dem griechischstämmigen Joannes Graf Capodistrias, den der Freiherr vom Stein in seinem Tagebuch als einen

Jean-Baptiste Isabey, Le Congrès de Vienne, 1815, urspr. Sepia, dann auch andere Techniken

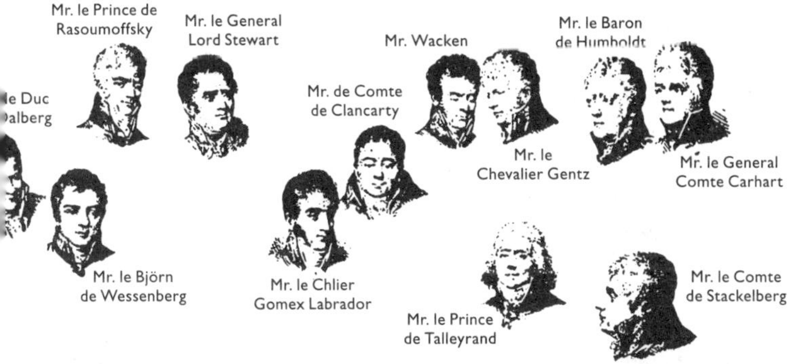

Die Zuordnung der Namen stammt aus: Der Wiener Kongreß. 1. September 1814 bis 9. Juni 1815. Ausstellungskatalog der Ausstellung vom 1. Juni bis 15. Oktober 1965, Schauräume der Hofburg, Wien, o. O. 1965

«Mann, der Scharfsinn, Feinheit und Mäßigung besitzt», charakterisierte und dem er attestierte: «sein Geist ist gebildet, sein Charakter sittlich, sein Äußeres angenehm». Bertuch schilderte ihn so: «Geglättetes scharf geschnittenes Gesandtengesicht, gepudert, von feinem zierlichem Anstand». Capodistrias sollte nach Abschluss des Kongresses das Amt des Staatssekretärs des Auswärtigen übernehmen und später zum ersten Präsidenten Griechenlands aufsteigen. Daneben spielten bei den Verhandlungen aber auch noch der Graf Stackelberg, der russische Gesandte in Wien, und nicht zuletzt der Korse Carlo Pozzo di Borgo eine Rolle, der sich schon in der vorrevolutionären Unabhängigkeitsbewegung seiner Heimat engagiert hatte. Gegen den Willen des Konvents war er dort Präsident des Staatsrats geworden, dann in die diplomatischen Dienste Großbritanniens übergewechselt und von dort mit militärischen und diplomatischen Aufgaben in die Dienste des Zarenreiches getreten; er war maßgeblich an der schwierigen und kontrovers diskutierten Entscheidung der Koalition beteiligt gewesen, den Marsch auf Paris fortzusetzen. Nicht vergessen werden dürfen der aus niedriger Herkunft aufgestiegene russische Botschafter in Wien, Fürst Andreas Kyrillowitsch Rasumowsky, der tätigen Anteil an den Verhandlungen (und am gesellschaftlichen Leben) nahm, und der alte Erzieher des Zaren, der liberale und von humanitären Vorstellungen beseelte Schweizer Frédéric-César La Harpe, der dann auf dem Kongress auch die Interessen seines waadtländischen Heimatkantons vertreten sollte; seine Korrespondenz mit dem Zaren liegt in einer modernen Edition vor.

Die Repräsentanten der anderen «Großmächte», die eher zufällig diese Rolle übernommen hatten, spielten in der Praxis keine überragende Rolle, wiewohl sie von Isabey in sein repräsentatives Kongress-«Gemälde» mit aufgenommen wurden: für Spanien der Marquis Pedro Gomez de Labrador, ein «reizbarer Prestigepolitiker», für Portugal der Graf Pedro de Palmella Souza-Holstein, Lissabons Gesandter in London, sowie die beiden Diplomaten Graf Saldanha da Gama und Lobo de Silveira und für Schweden der Gesandte am russischen Hof Graf Karl von Löwenhielm, dem aufgegeben wurde, vor allem auf die

Handelsinteressen seiner Krone zu achten und gegebenenfalls das Protektorat über Lübeck zu fordern.

Von den Vertretern der Nicht-Großmächte sollen hier nur noch zwei Persönlichkeiten kurz vorgestellt werden, zudem ein Mann, von dem weite Kreise viel erwarteten, der seine Visionen dann am Ende aber doch nicht durchsetzen konnte, weiterhin eine der «grauen Eminenzen» im Hintergrund des Kongresses und dessen «Sekretär».

Den Heiligen Stuhl vertrat der Kardinal Ercole Consalvi, der – seit 1800 die Funktion des Staatssekretärs ausübend – als notorischer Gegner Napoleons auf dem Kongress mit der schwierigen Aufgabe betraut war, die Wiederherstellung des Kirchenstaats durchzusetzen, was ihm am Ende trotz anfänglicher erheblicher Reserven Metternichs dann auch gelingen sollte. Die Wiener Beobachter zollten ihm Respekt ob seiner Geschäftigkeit – nicht zufällig war er nach einer Art Rundreise in verschiedene europäische Hauptstädte als allererster Diplomat in Wien eingetroffen, schon am 2. September 1814 –, sie warfen ihm aber auch Engstirnigkeit vor, weil er nur an seine eigene Agenda denke, und waren irritiert darüber, wie sehr er den Delegierten der Großmächte gewissermaßen ständig auf den Füßen stand. Delikat war seine Beziehung zu dem Wiener Nuntius Severoli, delikat auch die zu dem Repräsentanten der Option der Nationalkirche, dem Generalvikar Wessenberg, wohingegen er mit den Lobbyisten, die auf ein Nationalkonkordat hinarbeiteten, bestens und geräuschlos zusammenarbeitete. Auch wenn, wie man meinte, er in Wien seinen guten Namen überlebte: Der Erfolg in Gestalt der Wiederherstellung des Kirchenstaates sollte ihm weitgehend recht geben, unbeschadet seines Misserfolgs in Hinsicht auf das Konkordat.

Als Vertreter des Fürstprimas Karl Theodor von Dalberg, dessen Anwesenheit in Wien nicht erwünscht war, weil er sich allzu sehr auf Napoleon fixiert hatte, von dessen Gnaden er als einziger geistlicher Reichsfürst überlebt hatte, weilte der Konstanzer Generalvikar Ignaz Heinrich von Wessenberg in der Kaiserstadt. Er galt als ein kirchlicher Aufklärer von Format und sollte in Wien für Dalbergs Lieblingsidee werben, die Errichtung einer Nationalkirche mit einem von Rom relativ unabhängigen Primas an der Spitze. Wessenberg domizilierte bei seinem Bruder, dem österreichischen Minister und Delegationsmitglied, wodurch sich ihm selbstredend manche Türen öffneten und er auch Einfluss auf österreichische Dokumente nehmen konnte. Mit Consalvi, Wessenberg und den sog. Oratoren driftete die Vertretung der katholischen Sache weit auseinander.

Ohne festen Dienstrang nahm der Freiherr Karl vom und zum Stein an dem Kongress teil, der ehemalige preußische Struktur- und leitende Minister, der in seiner zweiten Amtszeit 1807/08 für den Beginn des inneren Umbruchs des Hohenzollernstaates verantwortlich gezeichnet hatte und 1812 dann von Zar Alexander als Berater in den deutschen Angelegenheiten in seine Entourage geholt worden war. Als ziviler Organisator des «Befreiungskriegs» hatte sich Stein Meriten um die Niederwerfung Napoleons erworben und dem Zaren seit der «Völkerschlacht» in zahlreichen Denkschriften seine Vision von der zukünftigen Physiognomie Deutschlands entwickelt, das er sich als einen Kaiserstaat mit vielen Elementen des alten römisch-deutschen Reichs vorstellte, allerdings mit einem deutlichen Mehr an nationalstaatlichen Elementen und mit Verfassungen der Einzelstaaten, die ein Minimum an Menschen- und Bürgerrechten und ein Maximum an ständischer Partizipation garantierten. Sosehr Stein mit seinen festen Grundüberzeugungen und seinem sittlichen Ernst ein Gesprächspartner für viele Teilnehmer blieb, konnte er letztlich keinen nachhaltigen Einfluss auf den Kongress ausüben. Das war umso weniger möglich, als er sich mit dem Zaren zusehends auseinanderlebte – unter anderem in der Sachsen-Polen-Frage, aber auch in der Frage der Zukunft Mitteleuropas, das sich der Romanow aus geostrategischen Gründen und eingedenk seiner dynastischen Verbindungen zu einer ganzen Reihe deutscher Mittelstaaten völlig anders als Stein vorstellte. Die meisten «westlichen» Diplomaten konnten mit dem von Reichspathos und Reichspatriotismus erfüllten Reichsfreiherrn wenig anfangen – er blieb ihnen fremd. Der Wiener Kongress, der als Einrichtung und in seinen Ergebnissen Stein überaus enttäuschte, war maßgeblich für seine Entscheidung, sich aus der großen Politik zurückzuziehen. Für die Bälle und gesellschaftlichen Höhepunkte des Kongresses war Stein ohnehin kein Gewinn.

Eine der wichtigsten «grauen Eminenzen» des Kongresses war der Prinz Karl Josef de Ligne, ebenso berühmt als österreichischer General in den großen Kriegen der zweiten Hälfte des 18. Jahrhunderts wie auch als geistvoller Schriftsteller – seine literarischen Studien, die auf gewaltige 34 Bände anwachsen sollten und die er in seinem Schlösschen auf dem Kahlenberg erarbeitete, machten ihn zu einer europäischen Berühmtheit, so dass sich die Führungsfiguren des Kongresses trotz aller geradezu spartanischen Kargheit seines Haushalts förmlich danach drängten, seine Liebenswürdigkeit und seine urbane Mentalität persönlich zu erleben und den einen oder anderen guten politischen Rat zu erhalten. La Garde umriss seine Rolle so: «Überall beliebt und gesucht, obgleich er keinen offiziellen Charakter bekleidete, charakterisierte er die Situationen oft mit einem einzigen Worte, einem Einfall, den man überall zu wiederholen sich beeilte.» Der 88-jährige Mann sollte den Abschluss des Kongresses nicht mehr erleben; er starb Mitte Dezember 1814, seine Beisetzung wurde zu einem gesellschaftlichen Ereignis.

Am Ende dieser Galerie der wichtigsten Mitspieler soll ein Kurzporträt des Freiherrn Friedrich von Gentz stehen, der schon von den Zeitgenossen häufig als «Sekretär des Kongresses» bezeichnet worden ist, was immer positiv-anerkennend gemeint war. Aus Preußisch-Schlesien stammend und ursprünglich in hohenzollernschen Diensten stehend, einer breiteren Öffentlichkeit damals als Übersetzer von Edmund Burkes Antirevolutionsschrift (*Reflections on the French Revolution*, 1790) ebenso bekannt geworden wie als Pamphletist gegen Napoleons Universalherrschaftstendenzen, war Gentz 1802 in österreichische Dienste übergewechselt und rasch zur rechten Hand Metternichs aufgestiegen. Mit einer guten Feder ausgestattet, die seinen Pamphleten erhebliche Verbreitung sicherte, war er zugleich bestechlich, geldgierig, frivol, genießerisch – der Umgang mit ihm war den sittenstrengeren Kongressteilnehmern nicht immer angenehm. Trotzdem besteht kein Zweifel, dass er ein «Arbeitstier» war und sich insbesondere bemühte, den Texten, die er vorzubereiten hatte, einen vollendeten Stil zu verleihen. Er war auch für die Redaktion der Wiener Kongressakte verantwortlich und somit für den bürokratischen Teil des Kongresses eine eminent wichtige Figur. Er wurde als Mittelsmann zwischen einem halben Dutzend und mehr leitenden Ministern zu einer der meistbeschäftigten Personen des Kongresses. Schon Mitte Oktober 1814 war ihm zumute wie in den hektischen Tagen vor der Völkerschlacht bei Leipzig; es hat kaum eine wichtige Konferenz gegeben, an der Gentz nicht beteiligt war. Von einigen Teilnehmern, denen er aus diesem oder jenem Grund besonders nahestand – etwa Castlereagh oder Talleyrand –, ist er dann für seine Dienste auch reich belohnt worden.

Gentz hatte auf dem Kongress vor allem mit der dezidierten Gegnerschaft der Preußen fertig zu werden; Hardenberg, so ließ Humboldt seine Frau wissen, misstraue ihm, und Stein, der frühere preußische Minister, habe ihn unlängst einen Menschen mit vertrocknetem Gehirn und verfaultem Charakter genannt. Caroline von Humboldt warnte ihren Mann eindringlich vor Gentz, der ihr «rein ekelig» geworden sei und dessen Gemüt untergegangen sei «in Liederlichkeit und physisch-moralischem Gehenlassen». Aber das wenig schmeichelhafte Bild der Preußen steht keineswegs allein; auch Kaiser Franz hatte seine Probleme mit ihm und versagte ihm bezeichnenderweise die heiß ersehnte Würde eines Staatsrats, und selbst Metternichs Beziehungen zu seinem Adlatus scheinen sich – unter anderem wegen miteinander konkurrierender Liebschaften – zeitweise deutlich abgekühlt zu haben.

Das Nebeneinander von Monarchen und Ministern und zahlreichen Interessenvertretern schuf selbstverständlich andere Dynamiken und Verhaltensformen als die, die jüngst Matthias Köhler mit einem systemtheoretischen Zugriff am Beispiel des Nijmegener Friedenskongresses entwickelt hat. Wie und wann und zu welchem Ende Verhaltensformen wie Höflichkeit/Unhöflichkeit, Drohungen mit dem Abbruch der Verhandlungen, Appelle an die Logik oder Einsicht des Gegenübers und andere psychische «Tricks» auch in Wien zur Anwendung kamen, bleibt der künftigen Forschung überlassen; auf jeden Fall scheint aber die ständige Rückbindung der Diplomaten an den vor Ort anwesenden Souverän graduell oder grundsätzlich andere Verhaltensmuster erfordert zu haben.

*

Wenn im Titel dieses Kapitels von den «Aktricen» die Rede ist, so soll zunächst vorausgeschickt werden, dass Ehefrauen und Geliebte auf allen Kongressen der Vormoderne eine mehr oder weniger wichtige Rolle gespielt haben, auch in politischer Hinsicht. In Wien war die Situation deswegen komplizierter, weil Frauen neben den Ehefrauen gleich mehrere der Protagonisten gleichzeitig in ihren Bann zu ziehen vermochten, weswegen es zu Rivalitäten und Eifersüchteleien kam, die es in dieser Intensität früher dann wohl doch nicht gegeben hatte. Da diese «Hahnenkämpfe» sich unter den Augen der Öffentlichkeit abspielten, entstanden für die anwesenden Ehefrauen unschöne und problematische Situationen, unter denen vor allem die aus dem Großherzogtum Baden stammende russische Kaiserin nachhaltig gelitten hat.

Es waren vor allem Frauen aus dem östlichen Kulturkreis, die das Interesse herausragender Kongressteilnehmer auf sich zogen: die Fürstin Katharina Bagration, die Witwe eines bedeutenden russischen Heerführers, und die «Kurländerin», die Herzogin Wilhelmine von Sagan, die, obwohl 1814 erst 23-jährig, bereits zwei gescheiterte Ehen hinter sich hatte. In diesen Fällen kann man wohl von einer Art «Duell» zwischen Metternich und Zar Alexander sprechen. In Bezug auf die Beziehungen zur Fürstin Bagration lagen alle Vorteile aufseiten des Romanow – Beziehungen, um die ihn Metternich, von dem sie eine zur Zeit des Wiener Kongresses elfjährige Tochter hatte, beneidete und aus denen er politischen Gewinn in Form von vertraulichen Informationen ziehen wollte, die möglicherweise im Boudoir oder im Bett ausgeplaudert worden waren. Die Fürstin Bagration, eine Großnichte Zarin Katharinas I. und somit mit den Romanows eng verbunden, hatte im Übrigen zur Zeit des Kongresses schon ein bewegtes Liebesleben hinter sich, in dem u. a. auch der in der Schlacht bei Jena und Auerstedt gefallene preußische Prinz Louis Ferdinand eine Rolle gespielt hatte. Der Franzose La Garde, dessen «Erinnerungen» von den Zeitgenossen freilich mit viel Kritik bedacht wurden, hat sie in geradezu glühenden Farben geschildert: «Die Fürstin Bagration [...] war damals im vollen Glanze ihrer Schönheit. Man denke sich ein junges Gesicht, weiß wie Alabaster, von leichtem Rosenrot angehaucht, zarte Züge, eine sanfte ausdrucksvolle, leicht erregbare Physiognomie, einen Blick, dem die Kurzsichtigkeit etwas Ungewisses und Schüchternes gab, eine Gestalt von mittlerer Größe, aber vortrefflich gebaut, und in ihrer ganzen Person eine orientalische Weichheit mit andalusischer Grazie gepaart.»

Die Herzogin Wilhelmine von Sagan, durch den Tod ihres Vaters Peter von Biron (1800) Erbin des schlesischen Herzogtums, war nach zwei gescheiterten Ehen an sich mit Metternich liiert, den sie schon aus seiner Zeit als Botschafter in Dresden kannte; der Kaiser, dessen «Favoritin» sie bereits seit 1806 gewesen war, versuchte sie indes auf seine Seite zu ziehen, indem er ihr in ihren Vermögensangelegenheiten – die ehemaligen kurländischen Fürstinnen lebten von russischen Geldzuflüssen, die nach der Abdankung des letzten Herzogs Peter von Biron vereinbart worden waren – entgegenzukommen in Aussicht stellte (und indem er ihr, wie sich Erzherzog Johann erinnerte, vor Augen führte, es zieme sich nicht, mit einem «Schreiber» verbunden zu sein). Da die Sagan den österreichischen Staatskanzler seitdem wie Luft behandelte, wuchs die Erbitterung Metternichs ins Grenzenlose. Es war nicht nur eine Art sportlicher Wettstreit zwischen zwei Männern, für die es nichts Degoutantes an sich hatte, sich außerehelichen Vergnügungen hinzugeben – dem Ganzen wohnte auch eine Dimension inne, über Boudoir und Bett Politik zu machen und die stadtbekannten Liebeleien politisch auszunutzen. Der politische Antagonismus Alexanders und Metternichs wurde hier zusätzlich aufgeladen. Im Übrigen waren an diesem Spiel nicht nur diese beiden beteiligt, sondern auch noch andere – Alexander und Metternich mussten die Erfahrung machen, dass die Sagan auch noch einen englischen

Diplomaten «begünstigte». Die Eifersucht lud sich hier noch weiter auf. Jedenfalls wird die Herzogin von Sagan, die sich auf ihrem schlesischen Schloss um das Zustandekommen der Anti-Napoleon-Koalition auch politische Verdienste erworben hatte, deren Briefwechsel mit Metternich aus den Jahren 1813 bis 1815 in einer modernen Edition vorliegt und deren aufregendes Leben auch literarischen Niederschlag gefunden hat, zu den bestinformierten Personen überhaupt in Wien zu zählen sein; Gentz entfuhr angesichts der Indiskretionen Metternichs gegenüber der Herzogin von Sagan und ihren Schwestern einmal der bezeichnende Satz: «Es ist einfach unglaublich, was sie wissen.» Und einer der «Konfidenten» meinte vor dem Hintergrund der Rivalität zwischen der Bagration und der Sagan mit gutem Grund: «In den Annalen des Wiener Kongresses werden sie eine Rolle spielen.»

Die eben angesprochenen drei Schwestern der Herzogin Wilhelmine von Sagan – Pauline, nach Wilhelmine ihrerseits Erbin des schlesischen Herzogtums und mit einem Hohenzollern-Hechingen verheiratet, Jeanne (Johanna) und Dorothea – mischten das amouröse Leben des Kongresses auch ihrerseits weiter auf: Dorothea, die jüngste, zum Zeitpunkt des Kongresses gerade erst 21 Jahre alt, mit einem Neffen Talleyrands (Graf Edmond de Talleyrand-Périgord) verheiratet, unterhielt in Wien eine Beziehung zu ihrem angeheirateten Onkel, dem französischen Außenminister, Johanna, mit dem Herzog von Acerenza (Franz Pignatelli de Belmondi) verheiratet, der wohl den russischen Geheimdienst mit Informationen versorgte, war gleich in mehrfacher Hinsicht präsent und u. a. mit einem Holländer namens Brel liiert. La Garde in seiner gewohnt überschwänglichen Art hat die drei in Wien für Furore sorgenden «Kurländerinnen» wie folgt beschrieben: «Diese schöne Herzogin von Sagan, für alles, was Heroismus und Größe heißt, leidenschaftlich begeistert; ihre erhabene Schönheit ist nicht der geringste ihrer Reize. Der Gang, die Gebärden, die Haltung, der Ton der Stimme einen sich bei ihrer Schwester, der Gräfin Edmond de Périgord, zu einer bezaubernden Gesamtwirkung. Sie hat in ihrem Gesicht und ihrer ganzen Person die unwiderstehliche Grazie, ohne die auch die vollkommenste Schönheit machtlos ist. Sie gleicht einer Blume, die des Duftes sich bewusst scheint, den sie aushaucht. Die letzte dieser drei Grazien Kurlands, die entzückende Herzogin von Acerenza, vereinigt alles, was wir an den beiden anderen bewundern.»

Aber neben diesen Frauen aus dem östlichen Kulturkreis spielten selbstredend auch Damen aus dem österreichischen und ungarischen Hochadel eine Rolle in Wien. Die Gräfinnen Julie und Sophie Zichy sind hier zu nennen, die jung verwitwete Fürstin Gabriele Auersperg, die Gräfin Saurau-Hunyady, die Gräfin Karoline Széchenyi-Guilford, sie alle auch von Kaiser Alexander «ausgezeichnet», weiterhin die Gräfinnen Starhemberg und Wrbna und die Gemahlin des Fürsten Paul Esterházy, die junge Prinzessin Taxis.

Andere Führungspersönlichkeiten wie etwa Wellington reisten zwar mit einer ständigen Begleiterin an, aber die Kongressdynamik brachte es dann doch mit sich, dass sie sich auf zusätzliche Abenteuer einließen. Das schloss im Übrigen auch Frauen, die nicht den oberen sozialen Schichten angehörten, immer mit ein; eine Zeit lang zählte die Schauspielerin Lombard zu den Favoritinnen Zar Alexanders, was sie dann natürlich auch für andere interessant machte.

Aber auch die Männer aus der zweiten Reihe kamen zum Zug. Als Beispiel sei der – mit dem Freiherrn vom Stein verwandte – Graf Ludwig Wallmoden-Gimborn herausgegriffen, der sich nacheinander in der preußischen, der österreichischen, der russischen und erneut der österreichischen Armee seine Meriten erworben hatte und als eine der Heldenfiguren nach dem Geschmack der Zeit galt. Entsprechend verwegen war er auch gegenüber Frauen; während des Kongresses unterhielt er Beziehungen zu zwei der Prinzessinnen Sagan, wobei er im Fall der Herzogin von Acerenza den Freiherrn von Gentz als Nebenbuhler auszustechen hatte. Hier mag freilich die Politik nur eine untergeordnete Rolle gespielt haben. Die Herzogin Pauline soll er, so ein Gewährsmann, «mit seiner phlegmatischen Tollheit […] rasend» geliebt haben.

Angesichts solcher mehr oder weniger privaten Vergnügungen hatte die unter Leitung des Barons Hager von Altensteig stehende «Oberste Polizei und Censur-Hofstelle» ihre große Chance, sich unverzichtbar zu machen. Sie war von Joseph II. begründet, von Leopold II. kaum genutzt, von Franz I. aber konsequent wiederbelebt worden und diente der staatlichen «Sicherheit», entsprechend der politischen «Philosophie», dass der durch Revolution, Krieg und ethnische Aufstände herausgeforderte Wohlfahrtsstaat das Recht habe, sich in einen Überwachungs- und Polizeistaat zu verändern. Die Akten dieser Zensur- und Überwachungsbehörde sind zwar größtenteils 1927 beim Brand des Justizpalasts vernichtet worden, aber durch ältere Veröffentlichungen (Angeberg, Fournier, Weil) doch hinreichend erschlossen, um sich ein ziemlich präzises Bild von ihrer Tätigkeit zu machen. Der Behördenchef hat während des Kongresses dem Kaiser tagtäglich über die geheimdienstlichen Ermittlungen seiner Beamten berichtet, die ebenso dechiffrierte Berichte vom Kongress nach außen und von außen an Kongressteilnehmer umfassten wie auch Wiedergaben von ausspionierten Gesprächen, die sowohl besoldete als auch «freiwillige» Personen lieferten, unter ihnen die Gastwirte, die zu Spitzeldiensten obrigkeitlich verpflichtet waren. Unter den Spitzeln befanden sich aber auch «Prominente», etwa der Abbate Giuseppe Carpani, der Dichter und Musiker und Freund Mozarts. Unter den interzipierten Korrespondenzen rangierten sogar die des Freiherrn von Gentz mit dem Hospodar der Walachei, aber auch preußische Ministerialschreiben, unter den Berichten der Spione vorzüglich solche über Frauenbekanntschaften der Monarchen und über Bemerkungen von ihnen, die aufgeschnappt worden waren. In einzelnen Fällen wurden ganze «Bewegungsprofile» von Kongresspersönlicheiten erstellt, von denen regelmäßig 30 und mehr unter ständiger Beobachtung standen. Bezeichnend für politische Fehleinschätzungen, die im Schoß dieser Behörde vorkamen, ist beispielsweise das große Interesse an der Person des Freiherrn vom Stein, der sicher nicht zu den zentralen Figuren des Kongresses zählte, aber sich trotzdem einer ganz außerordentlich intensiven Überwachung ausgesetzt sah; es wäre ohne Mühe möglich, aufgrund der Konfidentenberichte seinen

Tagesablauf minutiös zu rekonstruieren. Offenbar hatte man sogar versucht, einen seiner Diener «anzuzapfen» und – erfolgreicher – einige seiner Briefe zu interzipieren, die dann vom «Cabinet Noir» dechiffriert wurden. Aber in den weitaus meisten Fällen während dieser monatelangen Beobachtung mussten die Spione dann doch eingestehen, dass es nichts Wesentliches zu berichten gebe: «Rien d'intéressant». Investition und erzielter Mehrwert klafften in diesem Fall weit auseinander.

Im Übrigen hatten auch die in Wien weilenden Delegationen ihre «Nachrichtendienste» mitgebracht, die einerseits selbst Spionage zu betreiben, andererseits aber auch eine Art Schutzwall um die eigene Delegation aufzubauen suchten. Überwachung und Gegenspionage durch ein kleines Heer von – im Allgemeinen meist namentlich bekannten – «Nachrichtendienstlern» zählen sicher zu den Besonderheiten des Wiener Kongresses, die ihn ihrer Dimension wegen von seinen Vorgängern deutlich unterscheiden.

Gesellschaftsspiele

Einem immer wieder bemühten Diktum des Fürsten und Feldmarschalls Karl Joseph de Ligne zufolge, das in den Rang eines «geflügelten Worts» aufstieg, soll der Kongress nicht gearbeitet, sondern getanzt haben («Le Congrès danse et ne marche pas»). Es wird aus den folgenden Kapiteln zur Genüge klar werden, dass die Delegierten, allen politischen Schwierigkeiten zum Trotz, ihre «Hausaufgaben» durchaus gemacht haben; aber das Bild, dass das Vergnügen weit vor der harten Arbeit rangierte, wird wohl unausrottbar bleiben. Dass die Bälle, die Soireen, die «outdoor events» ein integraler und eminent wichtiger Teil des Kongresses waren, unterliegt bei alledem keinem Zweifel.

Den Verantwortlichen des Kaiserhofs war bewusst, dass zwischen großer Politik und «sozialem Programm» ein enger Zusammenhang bestand. Die Vielfalt und Dichte rauschender Festlichkeiten, die der Kaiserhof inszenierte, konnten ihresgleichen suchen: Bälle und Redouten, Konzerte, Paraden, Jagden, Spazierfahrten, Feuerwerke füllten die beiden ersten Monate des Kongresses fast völlig aus. Das Bonmot Feldmarschall de Lignes datiert ja auch aus diesen Monaten. Es war die wohlüberlegte Vorstellung der Hofburg, dass die Geschäfte besser liefen, wenn man auch auf gesellschaftlichem Parkett miteinander verkehrte, und das Perpetuum an Festen den Spielraum für die Diplomaten der Siegermächte erweitern würde, sich hinter den Kulissen über die noch ungeregelten Fragen zu verständigen.

Der Kongress, der die Konturen Europas endgültig neu schneiden würde und musste, versammelte nicht nur die mehr oder weniger beglaubigten Repräsentanten der europäischen Mächte und der deutschen und italienischen Staaten, sondern darüber hinaus einen weiten Personenkreis, der dieses einzigartige Treffen der politischen Elite Europas mit all seinem Glanz erleben wollte oder der eines sehr speziellen Interesses wegen glaubte, dass seine Anwesenheit hilfreich sein würde. Die Liste dieser Menschen liest sich wie ein *Who's who* der damaligen Epoche: Neben den Militärs, die sich im Glanz ihrer Meriten sonnten und garantiert sehen wollten, dass ihre Erfolge auf den Schlachtfeldern nicht leichtfertig wieder aufs Spiel gesetzt wurden und dass die neuen Grenzen auch unter Würdigung militärischer Gesichtspunkte gezogen wurden – hier mögen die österreichischen Generäle Schwarzenberg und Erzherzog Johann oder der General Knesebeck genannt sein –, ist an Verleger wie Johann Friedrich von Cotta und Carl Bertuch zu erinnern, die gemeinsam mit anderen Leipziger Buchhändlern als «Deputierte teutscher Buchhändler» nach Wien kamen, um sich für Verbote des Nachdrucks und die Aufhebung der Zensur einzusetzen. In Band 4 von Klübers Quellensammlung sind ihre Bemühungen dokumentiert; Bertuchs Tagebuch vom Kongress ist eine besonders reiche Quelle. Publizisten wie Varnhagen von Ense, Dichter wie der Italiener Carpani, der für die Wiener Theater mehrere Libretti schrieb, und der Tiroler Alois Weissenbach, der im Herbst 1814 als Huldigung an den Kongress die Kantate «Der glorreiche Augenblick» dichtete, die dann von

Beethoven vertont (op. 136) und Ende November 1814 im Redoutensaal uraufgeführt wurde, ehemalige Minister und Diplomaten, die hier neue Verbindungen anzuknüpfen suchten, weilten kürzer oder länger in der Donaumetropole. Hardenberg lud den legendären «Turnvater» Jahn nach Wien ein, um ihn als Propagandisten zu gewinnen und die derbe Sprache des populären Volksmanns für seine Interessen einzusetzen. Künstler eilten in die Kaiserstadt, um bei diesem gigantischen «Superhof» musikalische oder Porträt-Aufträge zu erhalten – prominentestes Beispiel ist der französische David-Schüler Jean-Baptiste Isabey, der auf Anregung Talleyrands nach Wien kam und fast alle Größen des Kongresses porträtierte (und ja auch für die bekannteste Darstellung verantwortlich zeichnete, die den Kongress fiktional bei seiner Arbeit zeigte). Die Sitzungen der Funktionsträger bei Isabey waren integrierter Teil des Kongresslebens. Isabey, der in Wien viel Geld verdiente, war auch für die zeremonielle Ausgestaltung von Festlichkeiten mit zuständig und wurde deswegen von Talleyrand sogar für die Ehrenlegion vorgeschlagen. Unter den Musikern und Komponisten sind aus dem Gefolge Talleyrands der Haydn-Schüler Sigismund von Neukomm sowie Anton Salieri hervorzuheben – und natürlich Ludwig van Beethoven, der auch ein stark beachtetes Konzert mit seiner VII. Symphonie gab, aber musikalisch nach wie vor umstritten war.

Aber ein derart spektakuläres Stelldichein der politischen Elite Europas zog auch noch andere Künstler als Komponisten, Maler und Stecher in die Donaumetropole, Schauspieler und Schauspielergruppen, Sänger, Tänzerinnen, Pyrotechniker – wenn man sie denn zu den Künstlern rechnen will. Und: Für alle gab es genug zu tun, und viele verdienten in diesen Wiener Monaten ein gutes Geld. Bertuch listete beispielsweise das beachtliche Einkommen der offenbar begnadeten Tänzerin Emilia Bigottini auf, das sich freilich nicht nur ihren Gagen, sondern auch Geschenken ihrer Liebhaber verdankte, insbesondere des Grafen Franz Pálffy. Auch die sonstigen, vom Hof in die Kaisermetropole verpflichteten Pariser Tänzerinnen und Tänzer und die von auswärts engagierten männlichen und weiblichen Schauspieler waren nur gegen sehr gute Honorare gewonnen worden. Wien, schon immer der Multiethnizität des Reiches wegen eine bunte Stadt, wurde in dem halben Jahr zwischen dem Herbst 1814 und dem Frühjahr 1815 zu einer quirligen, zu einer brodelnden Metropole. Ob die von dem Comte de La Garde genannte Zahl von 100 000 Fremden richtig ist oder nicht doch ein wenig übers Ziel hinausschießt: Wien wurde zum wahren *Centrum Europae*. Dementsprechend stiegen auch die Wohnungsmieten und generell die Lebenshaltungskosten in solch schwindelerregende Höhen, dass sich die österreichischen Behörden gezwungen sahen, ihren Wiener Beamten eine außerplanmäßige Zulage zu gewähren.

Wien mit seinen knapp 240 000 Einwohnern zur Zeit des Kongresses – immerhin, allerdings mit deutlichem Abstand, nach London und Paris die drittgrößte Stadt Europas – hatte sich zwar von den zweimaligen Beschießungen und Besetzungen durch die napoleonischen Heere 1805 und 1809 noch nicht völlig erholt, strahlte mit seinen leicht erreichbaren ländlichen Vororten und seinem kulturellen Potential aber doch schon wieder so viel Lebensfreude aus, dass sich die Delegationen in der Regel sehr wohlgefühlt haben.

Das vitale kulturelle Leben soll am Beispiel des Theaterwesens beleuchtet werden. In Wien wurden zur Zeit des Kongresses fünf Theater regelmäßig bespielt: das Burgtheater, das Kärtnertortheater, das Theater an der Wien, das Theater in der Leopoldstadt und das Theater in der Josefstadt – Häuser, die mit einer Ausnahme und in einem Fall unter einem anderen Namen (Kärtnertortheater ist als k. u. k. Hofoper der Vorgänger der Staatsoper) auch heute noch bestehen. Seit dem Oktober 1814 wurden diese fünf Bühnen tagtäglich, sonn- wie werktags, mit Ausnahme der Weihnachtsfeiertage und der Karwoche, bespielt: mit Opern und Schauspielen, z. T. mit einem Wienbezug («Die Bürger in Wien», «Der rote Turm in Wien», «Das Donauweibchen», «Die Teufelsmühle am Wienerberge»), überwiegend aber einem internationalen Publikum wie auf den Leib geschneidert – ob man an Beethovens «Fidelio», Mozarts «Figaro» und «Zauberflöte» oder auch Goethes «Götz von Berlichingen», Schillers «Jungfrau von Orléans», Lessings «Emilia Galotti» und das eine oder andere Shakespeare-Schauspiel denkt. Die Breite des Angebots garantierte, dass für jeden Geschmack jeden Abend etwas aufgeführt wurde, auch eher leichte Stücke wie in der Josefstadt «Prinzessin Eigensinn und König Bröselbart», «Rochus Pumpernickel», «Antonia della Roccini, die Seeräuberkönigin» oder «Carolo Carolini, der Banditenhauptmann» oder in der Leopoldstadt «Othello, der Mohr in Wien», eine «mittelmäßige Posse», wie Bertuch anmerkt. Hier gab es einen Bedarf an Hunderten von Mitwirkenden. Die Bühnen scheinen ihr Programm durchaus auch auf die ausländischen Gäste mit ausgerichtet zu haben – wie ließen sich sonst, um nur die Russen im Auge zu haben, Stücke wie «Die Strelitzen», «Der Kosak in London», «Der Brand von Moskau», «Die Verschwörung von Kamtschatka» oder «Die Jugend Peters des Großen» im Spielplan erklären? Bei den musikalischen Aufführungen, die Chöre erforderten, etwa bei dem Händel-Oratorium «Samson», brachten sich im Übrigen auch Mitglieder der Hofgesellschaft mit ein – eine Aufführung, die Erzherzog Johann in seinem Tagebuch als «herrlich» einstufte: «Welche edle Einfalt, welche Kraft und doch Melodie bei dieser Musik! Wie weit stehen unsere verschnörkelten Komponisten dagegen zurück! Nur Gluck und Mozart allein treten in diese Fußstapfen.»

Aber das Theater war nur eine Facette eines ungemein reichen Kontinuums von kulturellen Aktivitäten und Festlichkeiten, die sich sicher zu einem Teil der Erleichterung verdankten, nach einem Vierteljahrhundert fast ununterbrochenen Kriegs sich wieder auf die schöneren Dinge des Lebens besinnen und verlegen zu können, die aber auch eine Notwendigkeit waren, die illustren Gäste fühlen zu lassen, dass man um ihre standesgemäßen Gewohnheiten wusste. Die stehenden Bühnen wurden zudem ergänzt durch überaus zahlreiche Musik- und Theaterveranstaltungen in den privaten Palais – «Cercles», nannte sie Bertuch – und in den Kirchen; so wurde etwa am 19. November 1814 in der Universitätskirche Mozarts «Requiem» aufgeführt, «sehr trefflich von der Hof Capelle», wie Bertuch hinzufügte. Ein sehr kleiner, an der Chronologie orientierter Abriss einiger *High-*

lights muss hier genügen, die La Garde in viel größerer Ausführlichkeit wiedergibt:

Am 29. September 1814 – wichtige Persönlichkeiten wie Czartoryski, Capodistrias, Cathcart und Großfürst Konstantin waren noch nicht einmal in der Donaustadt eingetroffen – wurde ein erstes großes Feuerwerk im Prater veranstaltet, das die Herrlichkeit des österreichischen Kaiserhauses und seiner Verbündeten zelebrierte. Dass technisch noch nicht alles klappte, nahm die große Masse der Gäste und des Wiener Zaunpublikums relativ gelassen hin. Wenige Tage später fanden das sog. Friedensfest, das neben einer öffentlichen Messe viel Symbolik auszeichnete, und der erste Ball im sog. Redoutensaal in der Spanischen Hofreitschule statt, an dem teilzunehmen sich angeblich Zehntausende Wienerinnen und Wiener bemüht hatten, die dann aber doch von der Stereotypie des Polonaise-Tanzens der Prominenten einigermaßen enttäuscht waren. Das glanzvollste der sog. Völkerfeste fand gut zwei Wochen später – am ersten Jahrestag der Völkerschlacht bei Leipzig (18. Oktober 1813) – im Prater statt, initiiert von dem österreichischen Kaiser höchstselbst, der dieses Fest als Dankesbekundung seinen Soldaten widmete. Es begann mit einer Art religiösem Zeremoniell, verschiedenen Messen, die im Angesicht von Beutestücken gefeiert wurden, denen sich vor den Augen aller Fürsten und Prinzessinnen ein militärisches Defilee anschloss, das bezeichnenderweise von dem militärverliebten russischen Großfürsten Konstantin angeführt wurde. Eine von einem großen Chor intonierte Friedenshymne sorgte für allgemeine Ergriffenheit. Speise und Trank nahm das Publikum dann im Freien auf der sog. Simmeringer Heide zu sich, bewirtet von mehreren tausend Soldaten, die bei Leipzig mitgekämpft hatten, während die Honoratioren im Lusthaus verköstigt wurden. Auch des prächtigen Wetters wegen blieb dieses Fest allen Teilnehmern wohl in ganz besonderer Erinnerung.

Spektakulär war dann gegen Ende November in der Hofreitschule das erste sog. Karussell, das am Beginn einer ganzen Reihe ähnlicher Veranstaltungen stand. In altdeutscher Kleidung – oder dem, was man dafür hielt – führten Angehörige des höchsten erbländischen Adels zu Pferd ein mittelalterliches Ritterspiel auf. Dazu vermeldete La Garde in seinem Memoirenwerk: «Unter der kaiserlichen Tribüne ist ein Ringspiel. Die Ritter müssen mit ihren Lanzen, ohne innezuhalten, im schnellsten Ritt die Ringe daraus abstechen; ringsherum im Saal, in bestimmten Zwischenräumen, sind Türken- und Mohrenköpfe im Turban auf Pfählen angebracht und dienen den Kämpfern gleichsam zum Ziel.» Anschließend traf man sich in den prächtigen Ritterkostümen in den Redoutensälen zu einem Maskenball, bei dem erbländische Adlige die Quadrillen tanzten.

Neben diesen gewissermaßen «kaiserlich-offiziösen» Veranstaltungen gab es Dutzende und Aberdutzende von privaten Tanzveranstaltungen. Berühmt wurden die Bälle im Hause Metternich, im Ständehaus in der Herrengasse und im Palais des Grafen Rasumowsky, das an Silvester 1814 übrigens in Flammen aufging, beeindruckt aber waren die Kongressteilnehmer auch von den privaten Theateraufführungen, etwa im Haus der Fürstin Bagration, die dabei in russischem Kostüm auch mitspielte und -tanzte. Eine besondere Ausstrahlung kam ferner – besonders unter den preußischen Delegierten – den Salons nobilitierter jüdischer Bankiers zu, denen der Arnstein und Eskele, deren Ehefrauen Töchter des Berliner Hofjuden Itzig und ausgesprochen antinapoleonisch eingestellt waren. Im Fasching nahmen diese Feste und Bälle dann sowohl an Zahl als auch an Intensität, die manche an bacchanalische Ausgelassenheit denken ließ, noch einmal erheblich zu. Zudem nutzte man die Jahreszeit: Hatte man sich im Herbst gelegentlich der Jagd gewidmet, so sollten im schneereichen Winter Schlittenfahrten und Eislaufen für Abwechslung sorgen. Mit einem Frühlingsfest im Augarten am 4. März 1815 ging dann die große Zeit der Wiener Festlichkeiten ziemlich abrupt zu Ende; unter dem Eindruck der Nachricht von Napoleons Rückkehr aus Elba erlosch das Interesse daran und nahm das Bedürfnis schlagartig zu, den Kongress schnell und mit tragfähigen Ergebnissen zu beenden und sich dann ganz auf den neuerlichen Kampf mit dem Korsen zu konzentrieren.

Man muss sich zudem vor Augen führen, dass Wien nicht der

einzige Austragungsort von Festlichkeiten war. Anfang Oktober zog der ganze Hof beispielsweise nach Bruck an der Leitha um, um an einem Artilleriemanöver teilzunehmen, und auch eine einwöchige Reise der Monarchen nach Ofen zählte zu dieser Dezentralisierung der Feierlichkeiten, wo sich all das komprimiert wiederholte – einschließlich der Teilnahme der Monarchen an der Weinlese auf der Margaretheninsel –, was in Wien vorexerziert worden war.

All diesen Festlichkeiten kam über ihre soziale und gesellschaftliche Funktion hinaus auch eine eminent wichtige politische Rolle und Funktion zu. Etwas pointiert hat es der Augenzeuge La Garde so zum Ausdruck gebracht: «Niemals sind ohne Zweifel wichtigere und verwickeltere Fragen inmitten so vieler Festlichkeiten verhandelt worden. Auf einem Balle wurden Königreiche vergrößert oder zerstückelt, auf einem Diner eine Schadloshaltung bewilligt, eine Verfassung auf der Jagd entworfen, und bisweilen brachte ein Bonmot, ein glücklicher Einfall einen Traktat zustande, den zahlreiche Konferenzen und geschäftiger Briefwechsel nur mit Mühe zum Abschluss hätte bringen können.» Und man muss sich zudem ständig vergegenwärtigen, dass das Kontinuum der Wiener Festlichkeiten sich allenfalls graduell, aber nicht grundsätzlich von dem unterschied, was in den Wochen und Monaten zwischen der Eroberung von Paris durch die Alliierten und dem Abschluss des (1.) Pariser Friedens in der Seinemetropole vor sich gegangen war.

Neben all diesen Festlichkeiten zogen aber auch andere Spektakel das Publikum an, beispielsweise die Predigten des ostpreußischen Konvertiten Zacharias Werner, dessen witzige, derbe und manchmal zweideutig-anzügliche, Weinen und donnernde Ermahnungen einschließende Sprache ihm in einer der Vorstädte Wiens ein beachtliches Stammpublikum garantierte – es gehörte auch für den anwesenden Adel sozusagen zum guten Ton, seine Predigten zu frequentieren. Ob die Predigten des streng ultramontanen Redemptoristen Clemens Maria Hofbauer, die sich die Erneuerung des religiösen Lebens im Sinn der katholischen Romantik auf ihre Fahnen geschrieben hatten, an Zulauf damit mithalten konnten, bleibe dahingestellt.

Die Feste waren Sache der weitaus meisten Teilnehmer des Kongresses, es gab regelrechte Partylöwen, aber es gab immer auch Männer, die sich diesem Treiben zu entziehen suchten. Prominentestes Mitglied dieser Gruppe war der Freiherr vom Stein, der seines «energischen barschen Tons» wegen bekannt war, wie Bertuch anmerkte, und der allenfalls ausnahmsweise am Rande einer solchen Veranstaltung gesehen wurde. Aber solche Teilnehmer, denen die Glitzerwelt gleichgültig war und die nach Wien gekommen waren, um politisch etwas zu bewegen, waren die Ausnahme. Humboldt wäre hier etwa noch als Beispiel zu nennen, der seine Frau in einem Brief wissen ließ: «Diese Gesellschaften sind mir in den Tod verhasst.» Die meisten Teilnehmer und Besucher konnten sich diesem «gesellschaftlichen Phänomen, wie es so reich und nachhaltig im neueren Europa noch nicht erlebt worden war» (Griewank), dieser «Atmosphäre von Festtrubel, Genusssucht, Intrigen und Geschäftemacherei», aber nicht entziehen.

Spielregeln

Der Erwartungshorizont am Beginn des «Kongresses» war eher begrenzt. Der französische Außenminister Talleyrand beispielsweise hat sich in einem Brief an einen engen Mitarbeiter vor allem deswegen skeptisch geäußert, weil eine Residenzstadt kein Ort für einen Kongress sei und weil es keinen Vermittler gebe, so dass zu befürchten sei, dass der Kongress überhaupt kein Ergebnis zeitige. Talleyrand hatte hier das «Modell» der vorrevolutionären Friedenskongresse vor Augen, das freilich auch im 18. Jahrhundert schon mehrfach übergangen worden war – es hatte auch damals schon «Kongresse» in Paris, also einer Residenzstadt, und ohne Vermittler gegeben. Aber strukturell war der Wiener Kongress mit diesen Kongressen des Ancien Régime auch gar nicht zu vergleichen.

Es entsprach freilich der Tradition der großen europäischen

Friedenskongresse – ob man an den Westfälischen denkt oder an den in Nijmegen, an den in Utrecht oder den Aachener –, dass sie keine Plenarversammlungen aller Delegationen kannten, sondern sich in der Regel mit Mehraugengesprächen – teils mit den Mediatoren, teils ohne sie – begnügten. Dieses relativ formlose, sehr flexible Verfahren wurde auch in Wien nicht aufgehoben, umso mehr als unter den Alliierten eine geradezu panische Furcht vor Plenarversammlungen herrschte, von denen man glaubte, sie würden von Frankreich instrumentalisiert und beinhalteten ein zu großes Risiko in Gestalt von «demokratischem» Potential. Man schuf mit verschiedenen Komitees, die für Sachfragen zuständig waren und in der Regel fünf bis acht Teilnehmer zählten, aber doch einen Ansatz von mehr Formalisierung, der in Richtung einer Bündelung von Expertise verwies und insofern auch unter das Rubrum «Professionalisierung» zu stellen ist. Diese Komitees/Kommissionen wurden nicht alle schon zu Beginn des «Kongresses» ins Leben gerufen, wiewohl in den Wochen vor «Kongressbeginn» darüber bereits eine Art Vorverständigung stattgefunden hatte, sondern erwuchsen gelegentlich auch aus den Bedürfnissen der Stunde. Zu einer Vollversammlung aller Teilnehmer kam es in Wien entgegen Talleyrands Vorstellungen am Ende nur anlässlich der Unterzeichnung der Kongressakte am 9. Juni 1815, zu einem Zeitpunkt freilich, zu dem ein Teil der Teilnehmer bereits abgereist war. Der Redoutensaal der Hofburg, der an sich für die Vollversammlungen des Kongresses vorgesehen war, konnte für andere Zwecke genutzt werden.

Diese «Technik» drängte sich auch deswegen auf, weil der Kongress vor einer solchen Fülle von Agenden stand – eine Zusammenstellung des «Kongresssekretärs» Friedrich von Gentz benötigte fast sämtliche Buchstaben des Alphabets (a–s) –, dass ein unstrukturiertes Herangehen an die Verhandlungsgegenstände wohl für eine unabsehbare Dauer des Kongresses gesorgt hätte. Denn die Pariser Verhandlungen der Siegermächte untereinander und mit den Repräsentanten der wieder etablierten Bourbonendynastie hatten ja erwiesen, dass die Vorstellungen mancher Minister, alles Entscheidende könne vor Ort entschieden werden, so dass der Kongress in der Donaumetropole «weniger zum Negoziieren als zum Unterfertigen bestimmt sein» werde, blauäugig gewesen waren – längst nicht alles von Belang war vorentschieden worden, sieht man einmal von der Grundsatzentscheidung ab, das napoleonfreie Frankreich baldmöglichst wieder in den Areopag der Großmächte aufzunehmen. Geeinigt hatten sich die Repräsentanten der vier Koalitionspartner lediglich darauf, gemäß einem Geheimartikel des Pariser Friedens ihre Konferenz, die in den Wochen seit Ende September unter größtmöglicher Geheimhaltung zu tagen begann, als das dirigierende Komitee zu installieren, dem alle wichtigen Fragen vorbehalten werden und an das alle Berichte anderer Kommissionen zu adressieren seien. So sollten sich die Dinge dann in der Tat auch entwickeln, so dass Gentz' Formulierung, dieses Gremium sei «le seul et véritable congrès» gewesen, das eigentliche Zentrum aller Entscheidungen, nicht völlig an der Sache vorbeigeht. Aber alle anderen Perspektiven, die die alliierten Minister nach dem (1.) Pariser Frieden entwickelt hatten, sie würden sich über alle Fragen von Belang verständigen und dann in geschlossener Front Frankreich und der europäischen Staatenwelt die Ergebnisse präsentieren, sollten sich als illusorisch erweisen.

Neben diesem als Leitkomitee zu charakterisierenden Viererkomitee der Alliierten, das sich dann mit Einschluss des bourbonischen Frankreich in ein Fünferkomitee verwandelte, das anfangs stark umstritten war, weil Castlereagh ein Sechserkomitee mit Hinzuziehung Spaniens bevorzugt hatte, war von besonderer Bedeutung das Achterkomitee, das von Beginn an von Talleyrand favorisiert wurde und dem die Repräsentanten der Mächte angehörten, die – wie bereits angedeutet, teilweise eher zufällig – förmlich zum Kongress eingeladen worden waren: neben den vier «Siegermächten» und Frankreich waren das noch Schweden, Portugal und Spanien. Dadurch, dass der französische Künstler Isabey das Achterkomitee während einer fiktiven Sitzungspause darstellte, hat es eine große Öffentlichkeitswirksamkeit bis auf den heutigen Tag behalten, obwohl es insgesamt nur ca. zwanzig Mal zusammentrat. Beide Komitees beanspruchten eine Art «letzte Instanz»; die Ergebnisse einiger Spezialkomitees wurden beispielsweise vom Achterkomitee approbiert, faktisch errang seit der Jahreswende 1814/15 aber dann doch das Fünferkomitee den deutlichen Vorrang, das an die fünfzig Mal in wechselnder personaler Zusammensetzung tagte und das Gentz rückblickend dann auch als «centre et siège de toutes les affaires» bezeichnete. Die Einrichtung dieser beiden Komitees wurde allen Anwesenden per Deklaration bekannt gemacht; Talleyrands Gegenvorstellungen nutzten nichts.

Die anderen Komitees waren für speziellere Probleme zuständig: Das Deutsche Komitee wurde für die eminent schwierige Lösung der deutschen Frage – der Verfassungsfrage, aber auch der Neuzuschneidung der Grenzen – eingerichtet, in ihm versammelte sich entsprechend einem Vorschlag des Freiherrn vom Stein geballter Sachverstand – Metternich und Wessenberg für Österreich, Hardenberg und Humboldt für Preußen, Fürst Wrede für Bayern, Münster und Ernst Christian von Hardenberg für Hannover, Linden und später Wintzingerode für Württemberg. Der Lauf des Kongresses sollte es mit sich bringen, dass es nach wenigen Sitzungen im November 1814 erst relativ spät in Aktion trat – und dann zudem hinnehmen musste, dass der Teilnehmerkreis erheblich anschwoll. Es wurden weiterhin Komitees für die Niederlande und die Eidgenossenschaft bestellt, nicht übrigens zur Regelung der italienischen Territorialverhältnisse – das scheiterte am Widerstand Metternichs, der lediglich eine Genua-Kommission zuließ –, außerdem eine Statistische Kommission, die die territorialen und damit auch Bevölkerungsverschiebungen vorzubereiten hatte, eine Schifffahrtskommission, eine Rangkommission und eine sog. Abolitionskommission. Auf die Ergebnisse dieser insgesamt dreizehn Kommissionen bzw. Komitees, deren Mitglieder in der Regel schon gut vorbereitet nach Wien gekommen waren und die insgesamt für eine deutlich stärkere Professionalisierung stehen, wird unten zurückzukommen sein.

Die Komitees und Kommissionen wurden – Ausnahmen bestätigen die Regel – im Wesentlichen von den Großmächten beschickt. Sitzungen fanden eher spärlich statt – ein Gutteil des Zeitbudgets der Delegierten der Großmächte wurde durch formlose Gespräche mit Interessenvertretern oder den Delegierten kleinerer Staaten ausgefüllt. Deren Zahl ging in die Hunderte. Als Beispiel sei die Gruppe der «mindermächtigen» deutschen Staaten herausgegriffen, die in Wien vertreten waren und die in einer neueren Studie zusammengestellt worden sind: Anhalt-Bernburg, Anhalt-Dessau, Anhalt-Köthen, Braunschweig, Bremen, Frankfurt, Hamburg, Hessen-Darmstadt, Hessen-Kassel, Hohenzollern-Hechingen, Hohenzollern-Sigmaringen, Holstein-Oldenburg, Liechtenstein, Lippe-Detmold, Lübeck, Mecklenburg-Schwerin, Mecklenburg-Strelitz, Nassau-Oranien, Nassau, Reuß-Ebersdorf, Reuß-Greiz, Reuß-Lohenstein, Reuß-Schleiz, Sachsen-Coburg-Saalfeld, Sachsen-Gotha-Altenburg, Sachsen-Hildburghausen, Sachsen-Meiningen, Sachsen-Weimar-Eisenach, Schaumburg-Lippe, Schwarzburg-Rudolstadt, Schwarzburg-Sondershausen, Waldeck-Pyrmont. Wenn man bedenkt, dass von diesen 32 deutschen Staaten und Stätlein nicht wenige mit zwei Gesandten in Wien präsent waren und dass in aller Regel auch noch aus der jeweiligen Fürstenfamilie ein oder zwei Vertreter in Wien weilten – aus Sachsen-Weimar-Eisenach beispielsweise der Herzog Carl August, der Erbprinz und die aus Russland stammende Erbprinzessin Maria Pawlowna –, dann wird allein für diese Gruppe die Zahl von 100 Repräsentanten nicht zu hoch gegriffen sein. Und dazu kamen dann – um nur noch einige wenige Beispiele anzuführen – die Vertreter der ehemaligen Reichsritterschaft, die mit vielen Denkschriften auf deren Renaissance hinarbeiteten, Vertreter des Johanniterordens, die um die Restitution des Ordens und um Zuweisung eines Sitzes ansuchten, die sog. Oratoren, die sich als *pressure group* zur Durchsetzung der Interessen der katholischen Kirche verstanden und ziemlich andere Interessen vertraten als die «Dalbergianer» mit Wessenberg an der Spitze, eine Delegation der Frankfurter Juden, der dortigen katholischen Gemeinde und ein Vertreter der Juden der norddeutschen Hansestädte, eine Abordnung der Kölner Schiffer, Vertreter von nicht reichsunmittelbar gewesenen Kommunen wie Mainz, Kreuznach oder Danzig, die bestimmte Vorstellungen von ihrer politischen Zukunft hatten. Angeberg zählte – neben den vielen

Privatpersonen, den «Grandseigneurs, Künstlern und Projektemachern, Welt- und Halbweltdamen, Schaulustigen, Nutznießern und Schlachtenbummlern der großen europäischen Fürsten- und Länderbörse» (Griewank) – Repräsentanten von ca. 200 Staaten, Städten und Gemeinschaften. Klüber nennt ca. 150 mehr oder weniger offizielle Repräsentanten. Unter ihnen gab es auch Absonderlichkeiten wie die, dass ein Gemeinwesen – das Königreich Neapel – gleich von zwei (gegeneinander agierenden) Delegationen vertreten wurde, und es gab «Multifunktionäre» – wie viele Mandate (weit über 50!) überwiegend mediatisierter Standesherren der wiedische Geheimrat Franz von Gärtner ausübte (und miteinander in Einklang brachte!), könnte ein reizvoller Gegenstand einer Spezialstudie werden. Im Übrigen wurden die Besucher- und Teilnehmerströme, die Wien heimsuchten, dann auch zu einem medialen Ereignis; ein von Klüber als «sehr mangelhaft in aller Hinsicht» charakterisiertes Verzeichnis aller Fremden – *Guide des Etrangers à Vienne pendant le congrès* [...] , das auf 50 Seiten im Oktavformat die Namen der offiziellen und inoffiziellen Teilnehmer enthielt, wurde in Wien im Straßenverkauf angeboten und fand mit Gewissheit sein Publikum.

Die Mitglieder der im Herbst 1814 eingerichteten Komitees sahen sich somit einem ständigen Druck vonseiten fast unzähliger Interessenvertreter ausgesetzt und hatten natürlich zudem intern die divergierenden Standpunkte ihrer Regierungen anzunähern. Die Sitzungen der Komitees waren lange Zeit gar nicht so häufig, weil man sich lieber ohne die Formalien einer Sitzung, die u. a. mit Protokollführung verbunden war, austauschte und Kompromisse auslotete. Nach Überwindung der zentralen Krise des Kongresses, die aus der Sachsen-Polen-Frage resultierte, scheinen dann die formellen Sitzungen der Komitees an Zahl zugenommen zu haben. Am Ende schlossen sie alle ihre Arbeit mehr oder weniger erfolgreich ab und ließen ihre Ergebnisse durch das Fünfer- bzw. Achterkomitee absegnen, die die Letztzuständigkeit beanspruchten und durchsetzten.

Es klang schon an, dass es zu Plenarversammlungen der Delegierten der fünf, acht oder aller Staaten, die den Kongress beschickten, niemals kam. Immerhin spielte der Gedanke im Vorfeld des Kongresses eine nicht unwesentliche Rolle, weil sich Talleyrand seit seiner Ankunft in Wien – aus freilich durchsichtigen Gründen – zum Vertreter des Kongressgedankens aufwarf und ihn gegenüber den Siegermächten immer wieder ins Spiel zu bringen versuchte. Aus einer großen, vielköpfigen – ohne dass der Begriff aufgetaucht wäre: «demokratischeren» – Versammlung hätte Frankreich mit einiger Wahrscheinlichkeit größere Vorteile ziehen können als allein gegenüber den vier Siegermächten. Wenn man so will, war das Achterkomitee, dessen (relativ wenige) Protokolle Klüber im achten Band seiner *Acten* veröffentlicht hat, der Kompromiss, zu dem sich die Siegermächte am Ende verstanden.

Zum bürokratischen Teil des Kongresses zählte auch die Beglaubigung der vielen – wie gesagt: in die Hunderte gehenden – Diplomaten, die ihn in offizieller Mission frequentierten. Im Unterschied zu früheren Kongressen, bei denen es ob der Beglaubigungen und Instruktionen der Unterhändler nicht selten heftige Auseinandersetzungen gegeben hatte, war das diesmal kein Problem. Nachdem die Grundsatzentscheidung gefallen war, von Plenarversammlungen aller Delegierten abzusehen, wurde der Aufwand bei der Prüfung der Beglaubigungen möglichst klein gehalten und lediglich durch Los Repräsentanten dreier teilnehmender Mächte – Russland (Bulgakow), England (Hoppner), Preußen (Flemming) – bestimmt, die Vollmachten der Gesandten, die in einem Büro der Wiener Staatskanzlei hinterlegt werden sollten, zu prüfen. Zu irgendwelchen Zwischenfällen oder Auseinandersetzungen ist es in diesem Zusammenhang allem Anschein nach nicht gekommen, was bei der Umsetzung von Talleyrands Vorschlag, die Kongressteilnehmer in zwei Klassen zu unterteilen, unvermeidlich gewesen wäre. So haben die genannten Beamten als «Verifizierungskommission» die – insgesamt 103 – Vollmachten lediglich entgegengenommen, die mitüberreichte Abschrift mit der Ausfertigung verglichen und mit einem entsprechenden Vermerk zu den Akten genommen.

Das Problem der Vollmachten der vielen Delegierten und die

zu erwartenden Probleme mit Gesandtschaften von Staaten, die noch auf ihre Anerkennung (und somit auf ihre Zulassung) warteten, waren in letzter Instanz auch dafür verantwortlich, dass man von einer feierlichen Eröffnungsveranstaltung Abstand nahm. Der preußische Gesandte Humboldt brachte es in einer Denkschrift vom 23. September 1814 auf den Punkt: «Eine solche Versammlung würde [...] nur von Nutzen sein, wenn sie den Zweck hätte, die Vollmachten und das Recht eines jeden auf Teilnahme zu untersuchen: aber genau das will man nicht.» Das große Eröffnungsspektakel blieb den Teilnehmern (und den Wienern!) deswegen vorenthalten. Stattdessen kam es zu einer von Gentz entworfenen Deklaration der acht Signatarmächte von Paris, in der sie zum Ausdruck brachten, dass sie zu der Überzeugung gelangt seien, «dass es dem gemeinschaftlichen Interesse aller Theilnehmer angemessen seyn wird, eine allgemeine Zusammenberufung ihrer Bevollmächtigten bis auf den Zeitpunkt zu verschieben, wo die von ihnen zu entscheidenden Fragen den Grad von Reife gewonnen haben werden, ohne welchen ein mit den Grundsätzen des Völkerrechts, den Stipulationen des Pariser Friedens, und den gerechten Erwartungen der Zeitgenossen möglichst übereinstimmendes Resultat, nicht zu erreichen seyn würden.» Die dort noch ausgedrückte Hoffnung, das konne zum 1. November der Fall sein, sollte sich als völlig unrealistisch und blauäugig erweisen; es war faktisch eine Verschiebung *ad calendas graecas*. In den Augen des «Kongresssekretärs» Gentz war dies das entscheidende Dokument, das die von den Alliierten ohnehin nicht geliebte Kongressidee «getötet» und zu Grabe getragen hat.

Völlig außerhalb der Strukturen der Komitees und Kommissionen vollzogen sich die Verhandlungen Großbritanniens mit dem neuen jungen republikanischen Staat jenseits des Atlantik, die in den meist auf die mitteleuropäischen Territorial- und politischen Veränderungen fixierten deutschen Überblicksdarstellungen oft entschieden zu kurz kommen. Nun waren die Beziehungen zwischen dem ehemaligen Mutterland und den USA natürlich auch kein Sujet, das sich für eine Behandlung durch eine Mehrzahl von Mächtevertretern eignete, weil deren Interesse nur begrenzt war und die englische Seite sich hier auch nur ungern in die Karten blicken lassen wollte – entsprechenden Vorschlägen von französischer Seite erteilte London dann auch flugs eine Absage. Aber die Beziehungen waren brisant, weil es hier – außer um territoriale Ansprüche in der Region – um die «Philosophie» des englischen Handels ging, neutralen Schiffen den Handel mit den Feinden der City zu untersagen. Aber in dem Krieg, der mit der amerikanischen Kriegserklärung vom 18. Juni 1812 formell begonnen hatte, spielten, wie die neuere Forschung unterstreicht, auch noch andere Faktoren neben dem Seerecht eine Rolle, unter anderem der Wunsch nach Expansion in den kanadischen Raum und eine «konspirative Anglophobie». Die mühsamen Verhandlungen zur Beilegung des von vielen als widernatürlich eingeschätzten Konflikts wurden während des Wiener Kongresses am Heiligen Abend des Jahres 1814 in Gent beendet, ohne dass Großbritannien seinen Anspruch auf Verbot des Handels mit seinen Gegnern formell aufgegeben hätte. Die Wiener Kongressakte schwieg sich demzufolge auch zu den Fragen des Seerechts völlig aus. Offiziell waren die USA deswegen auch nicht in Wien vertreten; immerhin sorgte ein deutsch-amerikanischer Arzt namens Dr. Bollmann für Aufsehen, weil er den Wiener Delegierten u. a. den Gedanken eines Dampfschiffs auf der Donau näherbringen wollte. Es gibt Historiker, die einen unmittelbaren Zusammenhang zwischen der Exklusion der transatlantischen Probleme und der Stabilität der europäischen Friedensordnung sehen, wie sie sich dann konkretisieren sollte.

Es darf auch nicht unerwähnt bleiben, dass andere Entscheidungen außerhalb des Kongresses getroffen wurden bzw. ihm vorangingen. Das betraf insbesondere den nordeuropäischen Raum, in dem Großbritannien dafür sorgte, dass Neustrukturierungen erfolgten, die nicht mehr dem Placet der anderen Mächte unterworfen wurden: Im Kieler Frieden vom 10. Januar 1814 musste Dänemark das Königreich Norwegen an Schweden abtreten, sozusagen der Siegpreis für Schwedens Mitwirken am antinapoleonischen Krieg. Dänemark hatte faktisch auf seine Seemachtstellung zu verzichten und musste die Insel Helgoland England übergeben, ein künftiges «Gibraltar des Nordens» zur geostrategischen und kommerziellen Kontrolle der Region. Nachdem Preußen Schwedisch-Pommern von Schweden gekauft und Schweden sich endgültig in Norwegen durchgesetzt hatte, konnte die Europa so lange bewegende Nordische Frage als gelöst gelten – was, ohne dass das unbedingt in der Logik dieses Prozesses gelegen hätte, den Weg frei machte für eine sich mehr und mehr verstärkende Neutralität Schwedens.

Bei allen bürokratisch-organisatorischen Fortschritten gegenüber früheren Kongressen, die in Wien zum Tragen kamen, um – so hoffte man wenigstens – die Beratungen zügig zu ihrem Abschluss zu bringen, darf man einen grundsätzlichen Unterschied nicht bagatellisieren: Die ständige Präsenz von Monarchen, Ministern und Diplomaten sorgte für ein Ausmaß an Mündlichkeit, das so noch nie erreicht worden war. Vieles wurde am Rande gesellschaftlicher Ereignisse besprochen, ohne dass es je die Schriftform erreicht hätte, die Minister waren der Notwendigkeit enthoben, ihren Fürsten penibel über jeden ihrer Schritte Bericht zu erstatten, da sie ihn ja ohnehin jeden zweiten oder dritten Tag sahen. Für den Historiker wird dieser hohe Grad von Mündlichkeit zu einem Problem, weil viele Agenden, die sicher diskutiert wurden – etwa die wenige Wochen vor Beginn des Kongresses, im August 1814, verfügte Neuerrichtung des Jesuitenordens durch Papst Pius VII. –, nur schwer rekonstruierbar sind, weil sie sich in den Quellen nicht oder nur torsohaft niedergeschlagen haben.

Bei aller Professionalisierung, zu der, wenn man so will, auch noch der Verzicht auf alle Zeremoniell- und Etikettevorschriften zählte, muss man sich immer wieder vor Augen führen, dass nicht das es war, was den Kongress in den Augen der Teilnehmer auszeichnete. Metternich formulierte es so: Der Kongress sei gar kein Kongress, seine Eröffnung sei keine Eröffnung, seine Kommissionen seien keine Kommissionen, sein Zweck bestehe nur darin, ein Europa «sans distance» zu bilden, d. h., die Repräsentanten der Großmächte zusammenzuführen und sie gegenüber den Vertretern der übrigen europäischen Staatenfamilie ihre Entscheidungen erläutern zu lassen. Das ist sicher eine eigenwillige Einschätzung, aber ganz an der Sache vorbei geht sie nicht, denn der Anteil der Staaten unterhalb der Großmachtgrenze an den Grundsatzentscheidungen war alles in allem sehr beschränkt, sieht man vielleicht von den deutschen Mittelstaaten ab, die dem Deutschen Bund ihr Siegel aufzudrücken vermochten. Und auch die Tatsache, wie viel außerhalb des formalen Rahmens – auf den Bällen und Soireen, bei Jagden und Feuerwerken – besprochen und zumindest vorentschieden wurde, war manchen Beobachtern ein Dorn im Auge. Insofern schnitt der Wiener Kongress gelegentlich sogar gegenüber dem Westfälischen Frieden, der «Wien» an Dauer ja um Längen hinter sich ließ, schlecht ab – ein preußischer Stabsoffizier in russischen Diensten sollte verklärend von der «frommen heiligen Geschäftigkeit und Sorgsamkeit» sprechen, die Münster/Osnabrück gegenüber Wien auszeichne.

Spiele mit dem Feuer

Man kann die Dramaturgie des Wiener Kongresses in zwei Abschnitte gliedern: einen ersten, in dem sich die Großmächte über der Frage nach der Zukunft Sachsens und Polens heillos in die Haare gerieten, ja sich fast an den Rand eines neuen Krieges treiben ließen, und einen zweiten, der seit dem Februar/März 1815 zu datieren ist, als die Rückkehr Bonapartes aus seinem Exil – die Nachricht traf am 7. März 1815 in Wien ein – nicht nur für eine ungeheure Beschleunigung der Arbeiten sorgte, sondern auch den Tendenzen zum Durchbruch verhalf, über die akute Bewältigung eines Problems hinaus die Weichen für eine längerfristige Befriedung des Kontinents im Sinn einer nachhaltigen Friedensordnung zu stellen. Die Achterklärung gegen Napoleon, für deren allerdings nur allererste Redaktion Talleyrand verantwortlich zeichnete, war nur das Erste, die Wiedererrichtung der antinapoleonischen Allianz zu einem neuen Kriegsbund das Zweite, die längerfristige Friedstellung des Kontinents das

Dritte. Aber es war nicht das erste Mal, dass das Schreckenswort «Krieg» damals in Wien wieder die Runde machte.

Das Schicksal Polens und, eng damit zusammenhängend, Sachsens, dessen Monarch den verhängnisvollen Fehler begangen hatte, zu lange an der Seite Napoleons auszuharren, hatte schon in Paris die Fürsten der Siegermächte und ihre Minister nachhaltig beschäftigt. Polen, seit seiner dritten Teilung 1795 kein selbständiges Staatswesen mehr, war in der napoleonischen Zeit zu einem Rumpfstaat unter der Bezeichnung Großherzogtum Warschau umgewandelt worden, zu dem nach Preußens Niederlage bei Jena und Auerstedt die Ostprovinzen geschlagen worden waren, die dem Hohenzollernstaat im Verlauf der Teilungen zugewachsen waren. Dieses Großherzogtum Warschau war – diese Verbindung hatte eine lange, bis ins ausgehende 17. Jahrhundert zurückreichende Tradition – dem sächsischen Kurfürst-König Friedrich August I. übertragen worden. 1813 war der Wettiner im Zuge des Vormarschs der russischen und preußischen Truppen nach Westen in preußische Kriegsgefangenschaft geraten; seine beiden Territorien, das von Napoleons Gnaden zum Königreich erhobene Sachsen und das Großherzogtum Warschau, waren von russischen Truppen besetzt worden, zugleich aber war in den Schlüsselverträgen von Kalisch, Reichenbach und Teplitz vereinbart worden, dass das Großherzogtum zwischen den beteiligten Ostmächten aufgeteilt werden solle. Das Schicksal dieser beiden Territorien wurde nun zum Schlüsselproblem des ganzen Kongresses. In Alexanders I. Vorstellungswelt nahm die Schaffung eines «nationalen» polnischen Königreichs unter russischer Herrschaft eine schlechthin zentrale Stellung ein. Dass zwischen beiden Agenden – der staatlichen Zukunft Polens und der Sachsens – ein enger und letztlich unauflöslicher Zusammenhang bestand, hat niemand klarer erkannt als Metternich; es ist deswegen naheliegend, beide Komplexe zusammen zu behandeln.

Auch wenn die Sachsen-Polen-Problematik zunächst einmal «nur» die beiden unmittelbar interessierten Mächte – Russland und Preußen – berührte, wurde das Thema rasch zu einer Nagelprobe auch für die anderen Mitspieler. An der Sachsen-Polen-

Frage tobte sich nicht nur noch einmal die Machtpolitik alten Stils aus, sie sollte auch die Gewichte zwischen den fünf Großmächten neu austarieren. An ihr sollte sich im Grundsatz zudem entscheiden, ob Frankreich – wie weithin im Hochsommer 1814 erwartet – nur an den Verhandlungen über seine eigenen Außengrenzen würde beteiligt werden oder aber zu allen kontinentalen Ordnungselementen hinzugezogen werden würde. Da es zwischen dem gefangenen sächsischen König und den Bourbonen verwandtschaftliche Beziehungen gab, nahm sich Ludwig XVIII. der Sachsen-Problematik besonders engagiert an, und Talleyrand erkannte instinktiv, dass sie zum Schlüssel für Frankreichs Rückkehr in den Kreis der Gestaltungsmächte werden würde.

Der Zar verfolgte das Ziel, gewissermaßen als Entschädigung für die Befreiung Europas vom napoleonischen Joch und aufgrund des Eroberungsrechts möglichst ganz Polen zu gewinnen und seinen Staat damit zur unumstrittenen Vormacht auf dem Festland zu machen. Auch Preußen sollte allenfalls ein kleiner polnischer Zipfel um Thorn und Kulm zurückgegeben werden; das, was man Österreich zudachte – die Salinen von Wieliczka und der Distrikt von Podgorze –, war noch unbedeutender. An Polen und seiner Umwandlung in ein russisch kontrolliertes Königreich sollte – eine Ansicht, die längst nicht alle Berater teilten – getestet werden, über wie viel Durchsetzungsvermögen das Zarenreich verfügte und wie es sein Glacis entscheidend würde vergrößern können. Diese russischen Perspektiven, denen eine gewaltige Portion Arroganz und Selbstherrlichkeit zugrunde lag, kollidierten zunächst einmal mit preußischen Ambitionen: Es war ein lange gehegter Wunschtraum, der schon in die Politischen Testamente Friedrichs des Großen Eingang gefunden hatte und Hardenberg unmittelbar nach der Völkerschlacht dazu hingerissen hatte, seinen Monarchen als «König von Preußen und Sachsen» zu begrüßen, den eigenen Staat durch den Erwerb Sachsens militärisch und vor allem auch wirtschaftlich zu arrondieren. Zum anderen bestand die Vorstellung, aus Sicherheitsgründen Teile Polens, die man im Gefolge der Teilungen zeitweise ja schon besessen hatte, zurückzufordern – bis zur Weichsel-Narew-Linie oder doch wenigstens bis zur Warthe. Gegen diese Positionen der beiden östlichen Mächte artikulierte sich früh Widerstand nicht nur bei der jeweils anderen Macht, sondern auch unter den übrigen Koalitionspartnern und in der französischen Delegation, wenn auch aus ganz unterschiedlichen Gründen.

Für Metternich, der schon bei seinem London-Aufenthalt mit dem Prinzregenten und Castlereagh das Problem eines weiteren Vordringens Russlands nach Westen mit dem Unterton der Besorgnis angesprochen hatte, war gegenüber der russischen Vorstellung, in Polen ein halbsouveränes Königreich mit einer mehr oder weniger «liberalen» Verfassung zu errichten, die Befürchtung maßgebend, dass eine solche Konstruktion geradezu zwangsläufig die Forderung nach Wiederherstellung der alten Rzeczpospolita in den Grenzen vor 1772 wachrufen würde. Das würde nicht nur alle seitdem getätigten Erwerbungen der drei Teilungsmächte bedrohen, sondern mutmaßlich auch eine Signalwirkung auf andere Ethnien und untergegangene Gemeinwesen haben. Metternich war einer der wenigen Minister, die einen solchen Zusammenhang zwischen Territorialfrage und Verfassungsfrage erkannten; insofern ist es verständlich, wenn Nesselrode ihn als den eigentlichen Kontrahenten des Zaren auch in dieser Angelegenheit ausmachte und einstufte. Ein weiteres russisches Vordringen hin zur Mitte des Kontinents lag zudem quer zu Metternichs Mitteleuropa-Konzeption, die auf eine föderative Ordnung zielte, die gleichermaßen gegen Russland wie gegen Frankreich abzusichern wäre, am besten, wie er eine Zeit lang geglaubt hatte, durch eine Allianz seines Staates mit England und Preußen. Die anfänglichen Überlegungen in Wien, von der Aufteilung des Großherzogtums Warschau selbst zu profitieren, wurden dagegen nicht sehr nachdrücklich betrieben, umso weniger als der Zar eine Zeit lang nicht ohne Geschick die italienische Karte gespielt und die Hofburg zu überzeugen versucht hatte, besser auf italienische statt auf südpolnische Arrondierungen zu setzen. Die preußischen Ansprüche auf Sachsen und die Arrondierung durch westpolnische Gebiete war Metternich dagegen anfangs bereit zu unterstützen, weil ihm der diplomatische Beistand Berlins gegen die expansiven russischen Absichten wichtiger erschien als die Störung der geplanten mitteleuropäischen Ordnung. Der für den ganzen Kongress entscheidende Umschwung erfolgte im Spätherbst 1814, als sich Metternich angesichts der schwachen und zu Russland tendierenden Politik des Hohenzollernstaats entschloss, mit Frankreich zusammen für die Erhaltung Sachsens und der Wettinerdynastie – in Wiener Augen ohnehin eine Art Glacis und Vorfeldsicherung des eigenen Staatswesens – einzutreten und russischen Expansionstendenzen ein klares «Nein» entgegenzusetzen.

Der britische Außenminister Castlereagh schätzte die Bedrohung durch Russlands Vorrücken nach Westen zunächst weniger dramatisch als Metternich ein, öffnete sich dann aber doch den Bedenken der österreichischen Seite, dass der Anfall ganz Polens an Russland – in welcher Form auch immer – geeignet wäre, das europäische Gleichgewicht zu gefährden. In Großbritannien hatte es vor dem Hintergrund des Werbens Czartoryskis für die Idee eines selbständigen Polen eine Zeit lang vor allem im whigistischen Lager sogar die Vorstellung gegeben, Russland ganz aus Polen herausdrängen zu können – ein naiver Plan, wie sich rasch herausstellen sollte. Castlereagh arbeitete, ganz entsprechend dem Ordnungsplan Premierminister Pitts von 1805, auf eine Territoriallösung hin, die zugleich Frankreich in Schach halten konnte – durch einen Gürtel von englandtreuen Mittelstaaten an Frankreichs Ostgrenze (Niederlande, Schweiz, Piemont) – wie auch einen Damm gegen Russland errichtete. Dafür waren in englischen Augen zwei militärisch potente Staaten in der Mitte des Kontinents unabdingbar – Österreich und Preußen –, weswegen der Brite lange bereit war, sich zur Stärkung Preußens mit dem Übergang Sachsens an den Hohenzollernstaat einverstanden zu erklären. Dagegen konnte und wollte er die preußischen Polen-Ambitionen mit Rücksicht auf die öffentliche Meinung in seinem Heimatland und die Whig-Opposition wenigstens nicht energisch verfechten. In seinen Augen hatte der Wettiner den Verlust seines Thrones selbst zu verantworten und auch verdient. In London selbst gab es eine starke Grundstimmung, sich nicht zu sehr in diesen Fragenkomplex hineinziehen zu lassen; Premierminister Liverpool hat mehr als einmal zu erkennen gegeben, dass ihm Castlereaghs Mitwirken an den entsprechenden Diskussionen eher kontraproduktiv denn hilfreich erschien. Aber wenn das schon aus übergeordneten Gesichtspunkten unabdingbar war, dann blieb auch die andere Grundkomponente der britischen Politik bestehen: ein tief verwurzeltes Misstrauen gegen Russland, die «andere» Hegemonialmacht, und in die Aufrichtigkeit von Alexanders Beteuerungen.

Zum Zünglein an der Waage wurde Talleyrand, den neben einer grundsätzlichen Animosität gegen Russland und Preußen gleichermaßen vor allem sächsische Rücksichtnahmen leiteten – sein Monarch (Ludwig XVIII.) war der Sohn einer wettinischen Prinzessin, was den Umkehrschluss implizierte, dass Sachsen entsprechend seinem Credo, der Aufrechterhaltung der Legitimität, unbedingt an die alte Dynastie restituiert werden musste. Und diese Protektion eines deutschen Mittelstaats «passte» dann auch optimal in Talleyrands Mantra, den deutschen Mittelstaaten ein Optimum an Selbständigkeit zu sichern und damit alle Tendenzen zur Stärkung der Zentralgewalt zu hintertreiben und zu konterkarieren. Die Sachsen-Polen-Frage wurde für Talleyrand zum Hebel, um die Alliierten mehr und mehr auseinanderzudividieren und dies zugleich zu nutzen, um Frankreich wieder viel mehr ins Zentrum der Kongresspolitik zu rücken, als dies manchen Alliierten zunächst erwünscht war – wiewohl daran erinnert werden muss, dass das Ziel, den Bourbonenstaat wieder in das System der Großmächte zu integrieren, schon während der Pariser Verhandlungen ins Auge gefasst worden war.

Es gehört gleichwohl zu den offenbar unausrottbaren Legenden, dass Talleyrand auf der Wiener Bühne aufgetaucht sei, geradezu diabolisch unter Instrumentalisierung der Sachsen-Polen-Problematik eine Koalition feindlicher Mächte aufgebrochen, sie mit dem magischen Begriff der «légitimité» nach seinen eigenen Vorstellungen neu gruppiert und sich schließlich zum Schiedsrichter über Europa aufgeschwungen habe. Nein, Talleyrands Aktivitäten wurden von einem weitgehenden Konsens der Siegermächte getragen, und im Grunde – Henry A. Kissinger hat das betont – waren sie sogar notwendig, um die Anti-Napoleon-

Allianz wieder aus einer diplomatischen Sackgasse herauszuführen, in die sich die auf Veränderungen in Ostmitteleuropa bedachten Anrainerstaaten und die Status-quo-ante-Mächte selbst hineinmanövriert hatten. Für Talleyrand waren «légitimité» und Bekenntnis zur wettinischen Dynastie sowie eine nicht zu enthusiastische Sympathie mit den Polen letztlich nur Variationen eines einzigen Themas: Frankreich zu reintegrieren.

Ein Zweites muss hinzugefügt werden: Die monatelangen Diskussionen um die Neuverteilung der Gewichte in Ostmitteleuropa waren immer eingebettet in die jeweilige Gesamtpolitik der Mitwirkenden. Keiner dachte nur an Sachsen und Polen, sondern immer auch an «Koppelgeschäfte» in anderen Regionen, ob das den Westen des Reiches, das Schicksal von Mainz oder offene italienische Fragen betraf. Bei aller Zentralität der Sachsen-Polen-Frage: Sie kann nur vor der Folie der Gesamtagenda des Kongresses gesehen und gewürdigt werden, ohne dass hier den vielen Planspielen, die sie mit anderen Regionen, mit dortigen Verzichten oder Entschädigungen der Betroffenen, in Verbindung brachten, angemessene Aufmerksamkeit geschenkt werden kann.

Die Diskussionen über die Lösung der Sachsen-Polen-Frage, die schon die Pariser Verhandlungen und die Londoner Gespräche beherrscht hatten (und manch grotesken Plan hatten entstehen lassen, etwa den, den entthronten sächsischen König mit den bisher kirchenstaatlichen Marken in Italien zu entschädigen), nahmen schon im November 1814 an Intensität und an Schärfe zu. Castlereagh hatte zunächst versucht, die beiden deutschen Mächte in dieser Hinsicht einander anzunähern, auch um dadurch ein tendenziell prorussisches Preußen, das sich im September über diesen Komplex grundsätzlich mit dem Zaren verständigt und die provisorische Verwaltung Sachsens wieder übernommen hatte, dem russischen Einflussbereich zu entziehen. Dieser Prozess wurde aber überlagert von der polnischen Verfassungsfrage, also dem Vorhaben Alexanders, ein «nationales» Königreich Polen zu begründen und ihm eine «liberale» Verfassung zu geben. Dieses Projekt stieß auf breite Ablehnung, gewann aber in dem Augenblick eine neue unerwartete Dynamik, als im frühen November die preußische Delegation auf Weisung Friedrich Wilhelms III. eine abrupte Wende vollzog und sich entschied, die russischen Polenpläne ohne Wenn und Aber zu unterstützen. Damit endete auch zugleich die kurze Phase einer österreichisch-preußischen Annäherung, die Castlereagh engagiert betrieben hatte.

Der «Lohn» für diese Kehrtwende der preußischen Politik an die Seite des Zaren ließ allerdings auf sich warten. Entgegen allen Erwartungen auf preußischer Seite, die im Erwerb Sachsens geradezu die Zukunftsaufgabe des Hohenzollernstaates schlechthin und seiner «deutschen Mission» sah, und entgegen den Vorschlägen, die ihm der Freiherr vom Stein unterbreitete, wurden die preußischen Hoffnungen auf den Erwerb ganz Sachsens von Alexander zeitweise nur noch höchst lau unterstützt. Die Tatsache, dass sich Preußen in eine schwierige Position hineinmanövriert hatte, wurde im Dezember 1814 dann vollends evident, als Metternich Hardenberg gar nur noch ein Fünftel Sachsens zugestehen wollte. In der Entourage des Hohenzollernkönigs hat man diese Zuspitzung der Situation als eine Katastrophe angesehen, die dadurch für die Minister um Hardenberg noch an Bedrohlichkeit zunahm, als sich unter dem Druck der Ereignisse eine deutliche Annäherung zwischen Frankreich, Großbritannien und der Habsburgermonarchie vollzog, die Russland und Preußen ins Abseits stellte. Besonders gravierend war das auch deswegen, weil allen anderen Beteuerungen zum Trotz zwischen Petersburg und Berlin keineswegs volles Einvernehmen herrschte. Die Anti-Russland-Koalition war bereits im November durch einen Teilungsvorschlag Castlereaghs prädisponiert worden, dem die französischen und österreichischen Minister zumindest nicht widersprachen und der darauf hinauslief, dass Russland bis zur Weichsel zurückgedrängt und Preußen wieder in den Besitz seiner alten polnischen Provinzen gesetzt werden solle. Im Weigerungsfall solle der «ganze Kongress» über diese Frage befinden. Dieser Vorschlag mischte die Mächte erheblich auf und zudem auch die Mächtekonstellation, weil er dafür sorgte, dass Talleyrand wieder ohne Einschränkung zu dem maßgebenden Ausschuss hinzugezogen wurde. Es war klar, dass der Zar das als einen Affront empfinden musste, auf den es aus seiner Sicht nur eine Antwort gab – die Drohung mit einem neuen Waffengang. Dazu kam es zwar aktuell noch nicht. Aber Ende Dezember spitzten sich die Verhandlungen weiter zu. Castlereagh ließ die preußischen Minister wissen, dass Sachsen auf keinen Fall gegen den Widerstand Frankreichs, Englands und Österreichs ungeteilt an Preußen gehen könne, und Capodistrias und Rasumowsky legten daraufhin einen Vertragsentwurf vor mit den Maximalforderungen der beiden östlichen Verbündeten. Im Gefolge dieses Schritts ließ Hardenberg sich vor dem Hintergrund der Weigerung der kontrahierenden Parteien, dem ungeteilten Anfall Sachsens an Preußen zuzustimmen, zu der Aussage hinreißen, dies würden sein Monarch und Russland als gleichbedeutend mit einer Kriegserklärung verstehen. Damit war der Eklat da.

Anfang Januar 1815 schlossen vor dem Hintergrund der bedrohlichen Zuspitzung der Sachsen-Polen-Frage die beiden Westmächte mit Österreich eine geheime Allianz, die einen neuerlichen Krieg, diesmal um Sachsen und Polen, nicht ausschloss. Die drei Mächte verpflichteten sich zu militärischem Beistand, wenn eine von ihnen als Folge gemeinsamer Vorschläge angegriffen werden würde, und nahmen ein gemeinsames Vorgehen auf der Grundlage des Pariser Friedens in Aussicht. Das Spiel mit dem Feuer hatte seinen Höhepunkt erreicht! Der Streit über die Verteilung der «Beute» drohte so zu eskalieren, dass, nur ein Dreivierteljahr nach der Niederwerfung Napoleons, ein neuerlicher Flächenbrand nicht mehr ausgeschlossen werden konnte.

Der frühe Januar 1815 markierte die Peripetie des Kongresses. Vor einem neuen Waffengang, der einer europäischen Öffentlichkeit auch kaum zu vermitteln gewesen wäre, schreckten am Ende dann doch alle Beteiligten zurück. Preußen wäre allen markigen Worten zum Trotz militärisch wohl auch überfordert gewesen, und auch an Frankreichs und Großbritanniens wirklicher Kriegsbereitschaft sind erhebliche Zweifel angebracht. Die «Krieg-in-Sicht-Krise» ging vorüber, ohne dass es zum Ausbruch eines Krieges kam.

Dafür waren verschiedene Faktoren verantwortlich: Russland und Preußen zeigten eine zunehmende Kompromissbereitschaft, Castlereagh, dem diese Entwicklung ohnehin nicht gelegen gekommen war, weil es ihm nicht um die Abseitsstellung und Isolierung Preußens, sondern um dessen Stärkung als Gegengewicht und Kontrollorgan Frankreichs gegangen war, nutzte jede Gelegenheit, um deeskalierend auf die Ministerkollegen einzuwirken. Dennoch dauerte es bis fast zum Ende des Kongresses, bis die Lösungen erzielt wurden, die dann in den Beilagen 4 und 5 der Kongressakte Aufnahme fanden: Der Zar begnügte sich mit einer erneuten Teilung Polens – der vierten in der arithmetischen Reihe –, die ihm den Hauptteil Polens als eigenes Königreich zuwies («Kongresspolen»), das er fortan in Personalunion verwalten sollte. Mit der kurz zuvor getätigten Erwerbung Finnlands hatte Russland in Nord- und Mitteleuropa damit eine Linie erreicht, die bis zum Ersten Weltkrieg Bestand haben sollte. Österreich, der zweiten Teilungsmacht, wurden die vier ostgalizischen Kreise und das Gebiet um die Salinen von Wieliczka zugeschlagen, an Preußen fielen Westpreußen mit Danzig und Thorn sowie der Bezirk Posen, aus Krakau und Umgebung wurde, ein «dekoratives Relikt alter polnischer Freiheit» (Griewank), ein Freistaat gebildet, dessen Senat unter der Kontrolle der drei Teilungsmächte stand. Die andere Komponente der Abmachungen war, dass der nördliche Teil des Königreichs Sachsen, etwa die Hälfte, an Preußen fiel, allerdings nur zwei Drittel der Bevölkerung – für die «fehlenden» 50 000 Seelen wurde anderwärts «Ersatz» gefunden, im Wesentlichen im Rheinland. Entscheidend war, dass – wie oft in der Geschichte von Friedensverträgen – zwar keiner der Beteiligten mit der gefundenen Lösung rundum zufrieden war, aber auch keiner derart unzufrieden, dass Revisionswünsche die Oberhand gewonnen hätten. Die Forschung hat zwar erwiesen, dass der Zar in den dem Wiener Kongress folgenden Jahren die Opposition italienischer antiösterreichischer Bewegungen deswegen unterstützte, um dem Rivalen in Wien seinen Unmut über das für ihn als unbefriedigend empfundene Ergebnis der Verhandlungen über Polen spüren zu lassen, aber expliziten Revisionsvorstellungen gab er keinen Raum – sieht man einmal davon ab, dass –

was freilich gravierend genug war – Russland nach dem gescheiterten Aufstand von 1830/31 Kongresspolen nun als unselbständige Provinz dem Russischen Reich eingliederte.

Die Frage erhebt sich, ob das ein Ergebnis «traditioneller» Balance-of-power- und letztlich Hegemonialpolitik war oder, wie Schroeder das formulierte, «a victory for common sense and peace». Der Lösung der Sachsen-Polen-Problematik eignen, so scheint es, doch noch viele Züge einer Machtpolitik, der sich die beteiligten nachgeordneten Staaten – Preußen, Österreich und Frankreich – am Ende beugen mussten. Eine große Vision, dass nun ein neues Zeitalter der Staatenpolitik begonnen habe, ist in den Regelungen zu Polen und Sachsen nur mit Mühe, wenn überhaupt, erkennbar.

Nach der Krise des Kongresses waren die Verhandlungen in den zahlreichen Komitees zwar keine Selbstläufer, aber eine Situation, dass der Kongress noch einmal um seinen mehr oder weniger erfolgreichen Abschluss hätte fürchten müssen, ergab sich nicht mehr – jedenfalls nicht mehr aus dem «Innenleben» des Kongresses heraus. Deshalb sollen hier die Ergebnisse der Verhandlungen der Komitees zusammenfassend dargestellt werden, die nie nebeneinander mit derselben Intensität tagten – schon die persönlichen Zusammensetzungen schlossen das aus –, aber doch ihre Arbeiten so abschließen konnten, dass sie noch in die Kongressakte aufgenommen werden konnten.

Am engsten mit der Sachsen-Polen-Problematik zusammen hing die sog. «Statistische Kommission», die in mühevoller, auch der Expertise von Geographen und Bevölkerungsstatistikern bedürfenden Kleinarbeit über Quadratkilometer und Populationen zu befinden hatte, die aus diesem oder jenem Grund einem beteiligten Staatswesen zugeschlagen oder abgenommen werden sollten – und wurden. Hier feierten die Mechanismen des Ancien Régime, die gegenüber Bevölkerungsverschiebungen keinerlei Skrupel gehabt hatten, weit entfernt von jedem Gedanken der Selbstbestimmung noch einmal fröhliche Urständ. Man ging mehr oder weniger mechanisch nach der Zahl der betroffenen Menschen, der «Seelenzahl», vor, sah sich aber rasch vor dem Problem, dass nach Ansicht führender Kongressdiplomaten

Quantität und Qualität von Bevölkerung als durchaus unterschiedlich eingeschätzt wurden. Vor allem Talleyrand wurde nicht müde zu unterstreichen, dass Staatseinkünfte, der Reichtum eines Landes an Bergwerken, Salinen und Forsten, aber auch die Begabung und die Produktivkraft der Menschen und darüber hinaus ihre Mentalität weit wichtigere Faktoren waren als die schiere Zahl. Seele gleich Seele war problematisch. Dass Preußen an den Rhein und ins katholische Westfalen verschoben wurde, dass sächsische Untertanen es auf einmal mit den ungeliebten Hohenzollern zu tun hatten, dass polnische Bürger skrupellos hin und her verschoben wurden – das alles gründete in den Berechnungen der Statistischen Kommission und zählt sicher nicht zu den Ruhmesblättern des Wiener Kongresses, mögen diese Territorialverschiebungen auch noch so lange Bestand gehabt haben. Metternich persönlich hatte dieser Kommission ihre Aufgabe vorgegeben – die genaue quantitative und qualitative Abschätzung aller eroberten Territorien –, ihre Ergebnisse sollten für alle verbindlich sein. Eine gewisse Führungsrolle in dieser Kommission kam dem preußischen Statistiker Staatsrat Johann Gottfried Hoffmann zu, dessen gefürchtete Sachkenntnis für Talleyrand Anlass genug war, ihn gelegentlich lächerlich zu machen. Österreich war in dieser Kommission eher schwach vertreten – durch Wessenberg und den Ministerialbeamten Wacken –, Frankreich durch den Sekundarius Dalberg. Ihre Protokolle, die in der Regel von dem hannoverschen Juristen Georg Friedrich von Martens geführt wurden, sind im fünften Band von Klübers Quellenedition dokumentiert.

Dem Deutschen Komitee, über dessen Arbeitsergebnisse später zu berichten ist, vergleichbar waren die Komitees für zwei andere europäische Problemzonen, die Niederlande und die Eidgenossenschaft. Schon in den alliierten Verträgen von Troyes und Chaumont, die dem Pariser Frieden vorangingen, hatten sich die beteiligten Mächte relativ präzise auf den Mindestumfang eines zu errichtenden Königreichs der Niederlande festgelegt, das vor allem den größten Teil der südlichen, ehemals habsburgischen Niederlande umfassen, aber auch in den linksrheinischen deutschen Raum ausgreifen sollte. Die Vorstellungen des präsumtiven neuen Monarchen Wilhelm von Nassau-Oranien reichten freilich noch deutlich darüber hinaus. Großbritannien und Frankreich standen solchen Überlegungen zunächst sehr aufgeschlossen gegenüber, allerdings aus ganz unterschiedlichen Gründen: Castlereagh, weil ihn die Aussicht auf einen potenten Mittelstaat an der Kanalküste, der unter britischer Ägide stehen und Frankreichs Nordflanke kontrollieren würde, reizte und er dies als eine Conditio sine qua non jeder Nachkriegsordnung einstufte, Talleyrand, weil ein solches Groß-Niederlande die Chance eröffnete, Preußen in einem strategisch wichtigen Raum von der französischen Grenze fernzuhalten. Obwohl der designierte Monarch zeitweise drei Gesandte in Wien unterhielt, darunter den Freiherrn von Gagern, vermochten die hochfliegenden oranischen Hoffnungen, die besonders auch auf die eigenen Erblande östlich des Rheins zielten, keine Mehrheiten zu finden. Dass Preußen gegen die oranischen Wünsche opponierte, hing ursächlich gar nicht mit der in Rede stehenden Region, sondern mit den Kompensationen zusammen, die der Hohenzollernstaat in Sachsen erwartete bzw. die ihm dort nicht in vollem Umfang gewährt wurden – hier wurden am Ende 50 000 Menschen in den Kantonen Eupen, Malmedy und St. Vith zugunsten Preußens «verschoben». Auf jeden Fall blieb die Niederlande-Lösung des Wiener Kongresses von den Wunschvorstellungen des Oraniers ein ganzes Stück entfernt, sein Gewicht war aber nicht so beschaffen, dass er es hätte wagen können, sich den Abmachungen der Großmächte offen zu widersetzen. Dass dieses niederländische Konstrukt nur gut eineinhalb Jahrzehnte Bestand haben würde, bis es wieder auseinanderbrach, konnte in Wien wohl niemand voraussehen.

Die Einrichtung eines Komitees für die eigenen Belange hatten Funktionsträger der Eidgenossenschaft selbst angeregt, wenn nicht gefordert; freilich hatte sich auch der Zar, dem die Situation der Schweiz durch seinen Erzieher Frédéric-César de La Harpe wohlvertraut war und der auf dem Kriegszug nach Paris die Kantone zudem persönlich kennengelernt hatte, schon früh zu einer entsprechenden Zusage hinreißen lassen. Auch im (1.) Pariser Frieden war bereits festgelegt worden: «La Suisse indépendante continuera de se gouverner par elle-même.» Hier gab es in der Tat einen erheblichen Regelungsbedarf, nachdem Napoleon aus dem Verbund der Kantone ein «politisch ohnmächtiges Rekrutierungs- und Ausbeutungsgebiet seines Empire» (Griewank) gemacht hatte, weil ebenso die Binnen- wie auch die Außengrenzen der Eidgenossenschaft definiert werden mussten und zudem die Bitte auf dem Tisch lag, nach Wiederzuerkennung der Souveränität in den Zustand der «immerwährenden Neutralität» versetzt zu werden. Die Eidgenossenschaft hatte eine recht gut besetzte Delegation nach Wien entsandt, die sich aus dem Züricher Johannes von Reinhard, dem Fribourger Jean-François Joseph Nicolas Montenach und dem Basler Bürgermeister Johann Heinrich Wieland zusammensetzte und der, wenn man so will, auch der Genfer Bankier Jean Gabriel Eynard angehörte, dem sich ein sehr gehaltvolles Tagebuch des Wiener Kongresses verdankt. Zudem waren einzelne Kantone noch gesondert vertreten, durch Männer, aus denen die Genfer Charles Pictet de Rochemont und François d'Ivernois und der für das Tessin und das Waadtland sprechende Frédéric-César de La Harpe herausragen. Die Kantonsdelegierten wurden gezielt zu einzelnen Sitzungen, auf denen es um die jeweiligen Belange ging, eingeladen.

Das Komitee, dessen Protokolle Klüber im fünften Band seiner *Acten* mitgeteilt hat und dessen Arbeit er auch noch im siebten Band dokumentierte, wurde von den zunächst vier und dann fünf dirigierenden Mächten des Kongresses beschickt, die sich einer Fülle schwieriger Fragen gegenübersahen, umso mehr als Diskussionen in Gang kamen, die Eidgenossenschaft dem geplanten Deutschen Bund anzuschließen. Unter dem Strich haben die Diplomaten, unter denen sich Capodistrias und Stein (für Russland), Humboldt und Wessenberg besonders hervortaten, ohne dass einer von ihnen förmlich zum Vorsitzenden bestimmt worden wäre, freilich nur halbe Arbeit geleistet; die strittigen Binnengrenzen der 19 Kantone, unter denen es klare Tendenzen gab, sich dem bisherigen Verbund zu entziehen (Bern, Waadtland), blieben im Wesentlichen unerörtert, ebenso seine Verfassung, wohingegen sich das Komitee eingehend mit den Außengrenzen der Schweiz befasste, vor allem mit der Option eines möglichen Anschlusses des Veltlin, das am Ende der (österreichischen) Lombardei zugeschlagen wurde, und der an Genf angrenzenden nördlichen Teile Savoyens, Chablais und Faucigny. Nach Annahme der Deklaration der Schweiz-Kommission wurden in anderen Gremien übrigens noch einige weitere Verabredungen getroffen (Rhäzüns).

Der andere Schwerpunkt der Komiteeberatungen war die von den Kantonen gewünschte Zuerkennung der immerwährenden Neutralität der Eidgenossenschaft, um die sie sich ja auch in zurückliegenden Konflikten ob ihrer geostrategisch brisanten Lage immer wieder einmal bemüht hatte. Das am Ende, am 20. März 1815, von dem Achterkomitee approbierte Ergebnis des Schweiz-Komitees, das in Annex 11 der Kongressakte niedergelegt wurde, war wegen der Hektik, die Napoleons Rückkehr ausgelöst hatte, und militärischer Erwägungen wegen zwar zunächst nur eine Absichtserklärung, die das Interesse der europäischen Mächte an der Neutralität der Eidgenossenschaft zum Ausdruck brachte. Wenige Monate später, im (2.) Pariser Frieden, sollten Unabhängigkeit und Neutralität des Bundes aber dann doch noch unter die internationale Garantie der Großmächte gestellt und formell proklamiert werden (20. November 1815). Wie schon 1648 zählte die Eidgenossenschaft auch diesmal zu den unbestrittenen Gewinnern eines europäischen Friedenskongresses; die Eidgenossenschaft hatte sich viel weiter von Deutschland entfernt als von manchen Kräften innerhalb und außerhalb der Kantone erhofft.

War die Arbeit eines der Komitees hier auch von erheblicher völkerrechtlicher Tragweite, so sollte das auch noch für andere Arbeitsgruppen gelten. Die sog. Abolitionskommission, die von dem durch eine einflussreiche britische Lobby gedrängten Lord Castlereagh initiiert worden war, stand vor dem schwierigen Problem, ein im Humanitären gründendes Petitum einer sehr starken englischen Antisklavereibewegung in eine juristische Form zu kleiden, die auch gegen den Widerstand der beiden Kongress- und Kolonialmächte Spanien und Portugal sowie Frankreichs durchsetzbar war. Das Verbot des Sklavenhandels, wenn nicht der Sklaverei insgesamt, stand seit Jahrzehnten auf der Tagesordnung von vor allem britischen Organisationen, deren Repräsentanten überwiegend im nonkonformistischen Christentum wurzelten, namentlich in den Reihen der Quäker, und die es in der Tat bereits Jahre vor dem Kongress erreicht hatten, dass in Großbritannien (1807) und zuvor schon in Dänemark (1802) dieses Verbot dekretiert worden war. Es waren freilich nicht nur humanitäre Gesichtspunkte, die hier zum Tragen kamen, sondern auch wirtschaftlich-kommerzielle: Seit der Emanzipation der nordamerikanischen Kolonien vom Mutterland hatte die City kein wirtschaftliches Interesse mehr an der Ausdehnung der westindischen Plantagenwirtschaft, wollte aber selbstredend auch nicht, dass die anderen Kolonialmächte nun in diese Lücke hineinstießen und zu hohen Gewinnen gelangten. Castlereagh, der schon in Châtillon für die Aufnahme eines entsprechenden Artikels in den Vertrag gesorgt und Frankreich dann auch im (1.) Pariser Frieden entsprechend verpflichtet hatte (Zusatzvertrag, Art. 1), war vor dem Kongress in der Donaustadt die Sache nicht ungeschickt angegangen, indem er zunächst auf seiner Reise nach Wien bei Talleyrand in Paris um Unterstützung geworben und dann Kardinal Consalvi auf seine Seite zu ziehen versucht hatte, der daraufhin Papst Pius VII. auch tatsächlich hatte bewegen können, mit entsprechenden Breven an die spanischen, portugiesischen und französischen Könige heranzutreten (die allerdings wohl nie überreicht wurden). In Wien bemühte sich u. a. der ehemalige Admiral Sir Sidney Smith auf seine Art, den britischen Wünschen auch ein gesellschaftliches Forum zu geben (und, freilich zunächst vergeblich, zudem auf eine Lösung des Problems der Piraterie im westlichen Mittelmeerraum zu drängen). Am Ende längerer, sich über fünf Sitzungen erstreckender Diskussionen in dem am 10. Dezember 1814 eingesetzten Ausschuss der Acht, von dem die Pyrenäenstaaten liebend gerne die Vertreter Preußens und Schwedens ausgeschlossen hätten, stand eine von Gentz formulierte «Déclaration des puissances […] relativement à l'abolition de la traite des nègres d'Afrique», die bereits am 8. Februar 1815 verabschiedet wurde und die auf die «voix publique» rekurrierte, die sich in allen «pays civilisées» erhoben habe, um den «principes d'humanité et de la morale universelle» zum Durchbruch zu verhelfen. Sehr nachdrücklich wurde in den Ausschussberatungen mit Argumenten der Menschlichkeit, der allgemeinen Moral und der Prinzipien der christlichen Religion gearbeitet – im damaligen Völkerrecht noch keineswegs die Regel! Den «sperrigen» Kolonialmächten wurden, um überhaupt ihre Unterschrift zu erwirken, schon in Paris großzügige Übergangsfristen eingeräumt, die im Text allerdings ebenso nur allgemein angesprochen wurden wie die Ankündigungen der iberischen Staaten, das Verbot nur in bestimmten Regionen umzusetzen. Die Vereinbarung wurde als Annex 15 der Kongressakte beigegeben. Die Kurie, die die englischen Aktivitäten ja durchaus, obschon mit Bedenken, unterstützt hatte, sollte übrigens erst viele Jahre später diesen Schritt der Ächtung des Sklavenhandelns nachvollziehen – 1839 mit der Bulle «In supremo Apostolatus». Insofern war, trotz der eher bescheidenen Erfolge, unter dem Strich doch Großbritannien der Gewinner der Stunde, weil es sich hier vor der Weltöffentlichkeit als Instanz, die Humanität und das Gewissen der zivilisierten Welt verkörperte, aufgestellt hatte und sich seitdem in besonderer Weise für moralische Werte zuständig fühlte. Dass die Wiener Vereinbarung den Sklavenhandel keineswegs sofort zum Erliegen brachte oder doch wenigstens drastisch zurückgehen ließ, im Gegenteil die Ziffern in den Jahren nach 1815 durchaus noch einmal die des 18. Jahrhunderts erreichten, hat die Forschung inzwischen erwiesen. Dennoch gilt mit gutem Grund der Annex 15 der Akte von Wien als ein Meilenstein in der Entwicklung des humanitären Völkerrechts und als unmittelbarer Vorläufer des Genfer Antisklavereiabkommens von 1926.

Schon im (1.) Pariser Frieden war an relativ prominenter Stelle (Art. VI) die Freiheit der Schifffahrt auf dem Rhein angesprochen worden, die es im Interesse des freien Handels nicht nur der Stromanlieger, sondern aller Nationen herzustellen gelte, zudem mit dem Hinweis, dieses Prinzip könne auch auf andere große, völkerverbindende Ströme ausgedehnt werden. Das Thema hatte in der Publizistik vor 1814 schon einen beachtlichen Niederschlag gefunden. Die Ergebnisse der einschlägigen Kommission, der Dalberg, Humboldt, Clancarty, Wessenberg sowie holländische, badische, hessen-darmstädtische, nassauische und bayerische Delegierte angehörten und als deren Sekretär Georg Friedrich von Martens fungierte, werden oft als eine der liberalsten Errungenschaften des Wiener Kongresses gepriesen – deswegen muss ihnen besondere Aufmerksamkeit geschenkt werden.

Bei den Bemühungen der Akteure, die Freiheit des Handels für «alle Nationen» zu gewährleisten, hatte selbstredend Großbritannien das nachhaltigste Interesse. Dies war in den Kommissionsberatungen dann auch der springende Punkt: alle Nationen oder «nur» die Anlieger? Die Vertreter der deutschen Rheinuferstaaten verhinderten in der Kommission, die zwischen dem 2. Februar und dem 24. März 1815 zu insgesamt zwölf Sitzungen zusammentrat, die explizite Zuerkennung eines solchen Rechts an alle Nationen, aber in den Grundsätzen, die von Humboldt sorgfältig redigiert worden waren, wurde diese Frage wenigstens offengelassen und grundsätzlich die Freiheit der Schifffahrt für jedermann «in Rücksicht auf den Handel» zugestanden (Art. 109). Die alten Zunft- und Stapelrechte, die Delegationen der Rheinstädte Mainz und Köln und der Straßburger Schifferzunft noch einmal vehement, auch publizistisch, zu reaktivieren suchten, hatten ausgedient. Auf der anderen Seite ist festzuhalten, dass eine spezielle Rheinschifffahrtsakte, die auch als Vorbild für andere Konventionen (Schelde, Donau, Weichsel) hätte dienen können, in Wien nicht zustande kam, sondern an eine Kommission verwiesen wurde. Da die von den Schiffseignern zu entrichtenden Gefälle aber den einzelnen Uferstaaten überlassen blieben, eine gemeinsame Verwaltung der deutschen Staaten nicht erreichbar war und das ganze Projekt auch deshalb rasch fragwürdig wurde, weil die holländischen Zölle beibehalten wurden, war zwar ein richtiger Weg aufgezeigt worden, seine Begehbarkeit blieb aber schwierig. Nach einem eineinhalb Jahrzehnte währenden preußisch-niederländischen Handelskrieg sollte dann erst die Emanzipation Belgiens vom «Mutterland» 1831 die Voraussetzungen für eine ausführbare Rheinschifffahrtsakte schaffen. Auch die von der Wiener Kommission verabschiedeten Schifffahrtsordnungen für die Maas und die Schelde (Annex 16) blieben bis dahin ohne Wirkung. Die Ordnungen für Neckar, Main und Mosel bedurften ebenfalls in Bezug auf die Abgaben erheblicher Nachbesserungen, für Elbe und Weser kamen Ordnungen gar erst etliche Jahre nach dem Wiener Kongress zustande.

Schließlich soll die sog. Rangkommission hier noch etwas eingehender gewürdigt werden, weil ihre Beschlüsse weit in die Zukunft hineinwirkten, in mancher Hinsicht bis heute. Der diplomatische Rang war seit Jahrhunderten ein Feld, auf dem sich bei internationalen Konferenzen trefflich streiten ließ und das nicht selten zu höchst unerwünschten Verzögerungen geführt hatte. Es gab seit dem Ausgang des Mittelalters zwar kuriale Rangtabellen, die den Kaiser regelmäßig an die Spitze der Staatenhierarchie setzten, aber sie waren – vor allem seit der Reformation – nie von allen Akteuren akzeptiert worden. Bekannt sind die Auseinandersetzungen zwischen Spanien und Frankreich um die Präzedenz ihrer Diplomaten an dritten Orten, bekannt ist auch, wie viel Mühe die Mediatoren auf Friedenskongressen regelmäßig hatten anwenden müssen, um überhaupt Treffen der Repräsentanten konfligierender Parteien zustande zu bringen. Dass hier Handlungsbedarf bestand, war seit Generationen jedem Politiker und Völkerrechtler klar – in Wien sollte es zu diesem Klärungsprozess kommen, auch wenn er dort nicht mehr völlig zum Abschluss gebracht werden konnte.

Formal stand Talleyrand an der Wiege dieser Kommission, die am 10. Dezember 1814 eingerichtet wurde, in die die Mächte die Repräsentanten Wessenberg, Humboldt, Latour, Cathcart, Palmella, Labrador, Stackelberg und Löwenhielm entsandten und die per Los durch den Spanier Labrador geleitet wurde. Sie tagte nur wenige Male zwischen März und Mai 1815, ihre Vorschläge (die Klüber im achten Band mitteilt) wurden dann aber in der Achterkommission noch lebhaft diskutiert und nicht ausnahmslos approbiert.

Die Lösung all der aufgelaufenen Probleme war ungefähr so einfach wie das Ei des Kolumbus. Nachdem anfängliche Bemühungen innerhalb dieser Kommission, eine verbindliche Rangordnung der Staaten aufzustellen, gescheitert waren, war es Talleyrand, dem der Befreiungsschlag gelang: Als entscheidend für das Spiel um Vortritt und Präzedenz – das in der Wiener Praxis übrigens überhaupt keine Rolle spielte – wurde der Rang des Diplomaten gewertet, also das Prädikat, das dem Betreffenden von seiner Regierung beigelegt worden war. Dabei sollte zugleich eine ungeschriebene Regel Wirkung finden, dass eine willkürliche Erhöhung des Prädikats unstatthaft sei und das Recht auf Zuerkennung des höchsten Prädikats – Botschafter – den Großmächten vorbehalten war. Es gab fortan also drei Rangklassen: Botschafter, Gesandte, die beim jeweiligen Souverän akkreditiert waren, und Geschäftsträger, die beim Außenministerium akkreditiert wurden. Nach dem «Règlement sur le rang entre les agents diplomatiques», das von der Kommission am 19. März 1815 verabschiedet wurde und das dann der Schlussakte als Anlage 17 beigegeben wurde, wurde nur den Botschaftern «Repräsentativcharakter» zuerkannt, also das Recht, den jeweiligen Souverän zu vertreten und mit dem Staatsoberhaupt, bei dem sie akkreditiert waren, direkt zu kommunizieren. Kaum weniger wichtig war die weitere Verfügung, dass sich die interne Ordnung innerhalb der jeweiligen Gruppe der Diplomaten nach dem Datum der offiziellen Anmeldung ihrer Ankunft – später abgewandelt in: das Datum der Überreichung des Beglaubigungsschreibens – bemaß. Abgerundet werden sollten diese Bestimmungen dann durch eine Einigung, die auf dem Aachener Kongress zustande kam, der zufolge bei Unterschriftleistungen unter völkerrechtliche Verträge die Reihung nach dem französischen Alphabet der beteiligten Staaten maßgebend sein sollte.

Das alles mag formalistisch klingen, war aber ein wesentlicher Schritt, um Konflikte aus dem zwischenstaatlichen Leben verschwinden zu lassen oder wenigstens die Gefahr zu minimieren, dass es wegen Präzedens oder Zeremoniell zu Auseinandersetzungen kam. Dass zwischen den Rangstufen nachgerade peinliche Unterscheidungen gewahrt blieben – in allen Außenministerien öffnete man für einen Botschafter beide Türflügel, für einen Gesandten nur einen –, steht auf einem anderen Blatt.

In völkerrechtlicher Hinsicht waren das neue Rangreglement und das Verbot des Sklavenhandels wichtige Etappen auf dem Weg zu mehr Transparenz im Staatenleben und zu einer neuen Gewichtung humanitärer Faktoren. Ansonsten blieb das innovative Potential der Wiener Friedensordnung in völkerrechtlicher Hinsicht eher bescheiden: Einer im angelsächsischen Bereich unübersehbaren Renaissance des alten Instituts des Schiedsspruchs schloss man sich beispielsweise nur an einem – zudem entlegenen – Punkt an, in Bezug auf das weitere Schicksal des in den Revolutionswirren geteilten Herzogtums Bouillon an der französischen Nordostgrenze, für dessen Zukunft eine eigene kleine Kommission eingesetzt wurde. Aber die beiden genannten Punkte – Rang, Sklavenhandel – waren per se schließlich auch wichtig genug.

Finale furioso

Mit der völlig unerwarteten Rückkehr Bonapartes aus dem ihm zugewiesenen Exil in Elba änderte sich alles. Wenn man es pointieren will, könnte man formulieren, dass dieses Ereignis paradoxerweise zu einem Glücksfall für den Kongress geworden ist, und zwar sowohl kurzfristig als auch hinsichtlich der Dauerhaftigkeit der Friedensordnung, die plötzlich viel konzentrierter als bisher angegangen werden musste.

Napoleons Überfahrt nach Frankreich, die er formal mit ausgebliebenen Zahlungen des neuen Bourbonenkönigs begründete, erfolgte im späten Februar 1815 und schlug ein wie eine Bombe. Die Begeisterung, die ihm auf seinem raschen Zug nach Norden gen Paris überall entgegenschlug, wo er am 20. März glanzvoll einzog, bewog Ludwig XVIII., fluchtartig das Land in Richtung Belgien zu verlassen. Die Monarchen und ihre Minister in Wien, denen erste Gerüchte um den 6. März zu Ohren gekommen waren, verfielen daraufhin erst einmal trüben Gedanken, weil nun eine Wiederaufnahme der Kriegshandlungen, auch vor dem Hintergrund von Napoleons unmissverständlichen Maßnahmen, das Rad der Geschichte zurückzudrehen, unausweichlich wurde. Sie fassten dann aber auch den einmütigen Entschluss, die bisher rückständigen Konferenzgegenstände in den Kommissionen und Komitees rasch zu einem Abschluss zu bringen, um Wien mit dem Gefühl verlassen zu können, die anstehenden Probleme doch wenigstens überwiegend gelöst und dem Kontinent eine neue Physiognomie verliehen zu haben. Denn es war klar, dass die Öffentlichkeit für einen bloßen Abbruch der Wiener Verhandlungen und ihre Vertagung auf eine neuerliche postnapoleonische Veranstaltung kaum Verständnis aufgebracht hätte – und zudem: Man wusste längst nicht, wie lange sich ein wieder an die Macht gelangter Exkaiser angesichts der verbreiteten Unzufriedenheit in Frankreich würde halten können, vielleicht viel länger als befürchtet.

Finale furioso? Jedenfalls legt die ungeheure Dichte der Beratungen in den und abseits der Kommissionen in den Frühjahrs- und Frühsommerwochen 1815 eine solche Metapher nahe – die Arbeitsintensität ist vor diesem finalen Stadium vorher nie auch nur annähernd erreicht worden, der Wille auch, es nicht bei einem Torso zu belassen, sondern ein «happy end» zu erzielen – wobei frühzeitig völlig klar war, dass längst nicht alle Akteure mit diesem Ergebnis dann auch wirklich zufrieden und glücklich sein würden.

Unter den Materien, die trotz vieler seit dem Herbst 1814 vorgelegten und kursierenden Entwürfe, Gutachten und Memoranden noch nicht recht vom Fleck gekommen waren, ragte die künftige Struktur der Mitte Europas heraus. Die Lösung der deutschen Frage war ja aufgrund der Verhandlungen von Langres, Châtillon und Chaumont im (1.) Pariser Frieden geradezu zum Hauptauftrag des künftigen Kongresses erhoben worden. Das Heilige Römische Reich Deutscher Nation war im Sommer 1806 mit der Niederlegung der Kaiserkrone durch Franz II. – als Kaiser von Österreich (seit 1804) Franz I. – faktisch aufgelassen worden, aber schon vorher waren durch den sog. Reichsdeputationshauptschluss und die Säkularisationen und Mediatisierungen so viele Elemente der alten Verfassung verschwunden, dass sich der Gestaltungszwang als besonders groß erwies. Es gab Unmengen von verfassungsrechtlichen und politischen Fragen, die den Funktionsträgern und den politischen Publizisten auf den Nägeln brannten: Sollte das neue Gebilde, das an die Stelle des Reichs zu treten hatte, möglichst viele oder möglichst wenige alte Institutionen übernehmen bzw. reaktivieren, sollte es ein möglichst lockerer Staatenbund sein oder ein Organismus, dem eine starke Zentralgewalt eignete, sollte das Kaiseramt wiederbelebt werden, sollten ein Zentralgericht und eine Kreisverfassung eingerichtet werden? Nachdem die geistlichen Staaten von der politischen Landkarte Deutschlands verschwunden waren und von Teilen der öffentlichen Meinung zudem schon seit geraumer Zeit als zu archaisch und unzeitgemäß eingestuft worden waren, war die Frage nicht nur, an wen die entsprechenden Territorien fallen sollten, sondern auch, in welche Organisationsform die katholische Kirche überführt werden sollte. Wie sollte es mit Phänomenen wie der Reichsritterschaft oder den freien reichsunmittelbaren Städten weitergehen? Wie sollte eine künftige Repräsentativversammlung aussehen, welche Rechte sollten ihr zustehen, wie stark sollte sie auch in die Mitgliedsstaaten «hineinregieren» können?

Die Papiere, die in den Monaten vor und seit Kongressbeginn diesbezüglich vorgelegt worden waren, auch von Funktionsträgern aus dem zweiten und dritten Glied, waren Legion, aber es war allen unmittelbar Beteiligten klar, dass eine künftige deutsche Verfassung vor allem zwischen den beiden deutschen Großmächten ausgehandelt werden musste. In beiden Delegationen gab es ja auch genug Fachleute – Humboldt und Hardenberg hier, Metternich und Wessenberg dort, um nur diese Namen zu nennen –, die sich entsprechend einbringen konnten. Aber auch in den übrigen Delegationen fehlte es nicht an Expertise – Stein, Graf Münster, Dalberg –, die jederzeit in der Lage waren, sich gutachtlich oder mit eigenen Vorschlägen zu Wort zu melden.

Formal war für die deutsche Frage das Deutsche Komitee zuständig, das sich aus Metternich und Wessenberg für Österreich, Humboldt und Hardenberg für Preußen, Fürst Wrede für Bayern, Münster und Ernst Christian Hardenberg für Hannover sowie Linden und später Wintzingerode für Württemberg zusammensetzte; als sein «Generalsekretär» fungierte der hannoversche Kabinettsrat Georg Friedrich von Martens, dem die beteiligten Delegationen nach Abschluss der Verhandlungen ein Präsent verehrten und der sich auch publizistisch in der Folge noch mehrfach mit der Bundesakte beschäftigen sollte. Das Komitee, das sich irgendwo zwischen der Fünfer- und der Achterkommission verortete, die sich ebenfalls mit deutschen Fragen befassten, hatte sich zwar in den ersten Wochen des Kongresses einige Male versammelt – die (edierten) Protokolle datieren vom 14., 16., 20., 22., 24., 26. und 29. Oktober sowie vom 3., 7., 10., 12., 14. und 16. November 1814 –, die Sachsen-Polen-Problematik hatte dann aber rasch andere Prioritäten gefordert, so dass – zudem durch Kompetenzgerangel belastet – die offiziellen Beratungen des noch nicht recht vom Fleck gekommenen und bis dahin vor allem Militär-, Kirchen- und Postfragen behandelnden Komitees über etliche Monate blockiert wurden. Erst nach Napoleons Rückkehr sollte es wieder engagierter zu seiner Arbeit zurückzufinden. Freilich sollte sich rasch erweisen, dass die Komiteelösung hier doch nicht der Königsweg gewesen war, weil nun, in der Endphase der Verhandlungen, auf Drängen der deutschen Fürsten der Kreis der teilnehmenden Diplomaten erheblich ausgeweitet wurde; die Protokolle der Sitzungen vom 23., 26., 29. und 31. Mai sowie vom 1., 2., 3., 5., 8. und 10. Juni 1815 spiegeln das in ihren Teilnehmern deutlich wider, die jetzt auch sächsische, hessische, badische, luxemburgische, holsteinische Repräsentanten und fünf «Generalbevollmächtigte» der Mindermächtigen umschlossen und später gar auf die Zahl 69 anwuchsen.

Die Männer, die über die Zukunft Mitteleuropas zu befinden hatten, standen vor zwei kardinalen Aufgaben: 1. die territorialen Arrondierungswünsche derjenigen Staaten, die die Säkularisationen und das Ende des Reiches überlebt hatten und – sofern Rheinbundstaaten – nun mit einem ungeheuren Selbstbewusstsein in die Zukunft blickten, zu befriedigen und gegeneinander auszutarieren, und 2. für das zu bildende politische Konstrukt eine Verfassungsordnung zu finden. Die territoriale Neuordnung war die bevorzugte «Spielwiese» der Diplomaten aus dem ersten, zweiten und dritten Glied, aber auch von Militärs und von Projektemachern. Es führt zu weit, alle diese Vorschläge hier zu referieren – Projekte, die die Statistische Kommission passierten und die sich vor allem unter dem Label «Sicherheit gegenüber Frankreich» auf die linke Rheinseite und die Zukunft der ehemals geistlichen Staaten bezogen und je nach Standort kräftige, geschlossene Mittelstaaten oder die Dominanz der beiden Orientierungsstaaten Preußen und Österreich in ihrem jeweiligen geographischen Bereich vorsahen. Die Landverteilung in der Mitte Europas wurde zu einem Tauziehen mit manchmal grotesken Zügen – am Ende kam es zu solchen Absonderlichkeiten, dass dem Herzogtum Oldenburg weit entfernte Exklaven in der linksrheinischen Pfalz zugewiesen wurden und dass staatliche Winzlinge erhalten blieben, die dem Konzept einer zweiten Flurbereinigung vollkommen zuwiderliefen.

Die Konzepte der Mächte zur territorialen Ordnung Deutschlands waren höchst unterschiedlich. Es kann hier nur um ganz grobe Grundlinien gehen, zumal sich die Positionen der Mächte im Verlauf der Wiener Monate auch durchaus veränderten. Am brisantesten war die Westgrenze des neuen Konstrukts gegenüber Frankreich, weil hier Sicherheitsüberlegungen am deutlichsten zutage traten. Großbritannien war an einer leistungsfähigen «Barriere» gegen Frankreich interessiert, die es durch die Dimensionierung der Niederlande und die Implementierung des militärisch potenten Preußen auf dem linken Rheinufer herbeizuführen wünschte. Die Präsenz Preußens am Rhein ging schon dem Oranier gegen den Strich, aber insbesondere den aus dem Rheinbund hervorgegangenen vergrößerten Mittelstaaten, die für Frankreich die angenehmsten Nachbarn gewesen wären. Österreich hatte zunächst überhaupt kein Interesse, wieder an der Rheinlinie (Vorderösterreich) Position zu beziehen, was auch den neuen Mittelstaaten eher Sorgen bereitete denn Sorgen nahm – Mittelstaaten wie Baden und Württemberg, die sich bei den meisten ihrer territorialen Vorstellungen einigermaßen sicher sein konnten, dass sie von Russland gestützt werden würden, zu dem ja enge dynastische Verbindungen bestanden. Russlands vordringliches Interesse galt aber naturgemäß eher den offenen Fragen im Osten des alten Reichs.

Auch die vielen Verfassungsprojekte, die im Vorfeld und in der Frühphase des Kongresses vorgelegt worden waren, können hier nicht im Einzelnen gewürdigt werden. Im Grunde ging es um drei Modelle: entweder die Wiederherstellung des untergegangenen Reiches mit einer zu modernisierenden Reichsverfassung oder ein österreichisch-preußisches Kondominium mit der Mainlinie als Grenze der beiden Interessensphären oder aber eine bündische Lösung, die entweder mehr staatenbündischen oder bundesstaatlichen Charakter haben würde. Sie ordnen sich ein in eine lebhafte Publizistik, die mehrheitlich mit durchaus pränationalen Untertönen einen Übergang zu einem Konstrukt forderte, das ein Mehr an zentraler Kompetenz und demzufolge eine drastische Beschneidung der Souveränität der Einzelstaaten im Auge hatte und auch dem Gedanken der Partizipation der «Untertanen» ein neues Gewicht beilegte. Die Diskussionen im Vorfeld des Kongresses hatten vorrangig die Führungspositionen in dem zu «erfindenden» staatlichen Konstrukt thematisiert. Hardenberg etwa, der sich zwischen der Völkerschlacht und dem Beginn der Wiener Verhandlungen wohl am intensivsten mit diesen Fragen beschäftigte (41 Artikel), hatte in Basel den alliierten Ministern als Teil eines «intermediären Europa» ein von den vier Direktorialstaaten Österreich, Preußen, Bayern und Hannover geleitetes Deutschland anempfohlen. Die frühe Diskussion hatte aber auch bereits die Bundesbefugnisse, allen voran im militärischen Bereich, thematisiert. In einer kurzen Phase österreichisch-preußischer Zusammenarbeit war es im Herbst 1814 zu einem gemeinsamen Entwurf, den «12 Punkten», gekommen, die, ganz ähnlich, wie das Graf Philipp Stadion im Vorjahr vorgeschwebt hatte, auf eine Art Teilung des «Dritten Deutschland» unter den beiden deutschen Orientierungsstaaten, durchaus übrigens mit einer starken Zentralgewalt, hinausgelaufen waren – das war ja eine der zentralen Erkenntnisse der zurückliegenden Kriege, dass ohne eine gewisse

Zusammenfassung der Kräfte «Deutschland» immer zu den Verlierern zählen würde. Obwohl viele andere Entwürfe analog der zunehmenden «nationalen» Begeisterung in deutschen Landen einen eher «liberalen» Anstrich hatten, kamen unter dem Druck des notwendigen Kongressendes dann nicht sie und auch nicht die «12 Punkte», sondern ein auf Wessenberg und Metternich zurückgehender österreichischer Verfassungsplan zum Zuge, ursprünglich unter dem Namen «14 Punkte» firmierend, dann aber umgearbeitet. Er sah lediglich eine ständige Bundesversammlung gleichberechtigter Mitgliedsstaaten unter österreichischem Vorsitz vor und wurde aufgrund der Interventionen der auf ein Höchstmaß an eigener Souveränität bedachten Fürstenstaaten dann noch weiter abgeschwächt, indem zum Beispiel das angedachte Bundesgericht in Wegfall kam oder es den Einzelstaaten lediglich vorgegeben, aber nicht vorgeschrieben wurde, eine landständische Verfassung einzuführen – mit der «orakelhaften» (Griewank) Wendung, in allen deutschen Staaten würden landständische Verfassungen «stattfinden». Auch Preußen, in der älteren deutschen Forschung oft als Paladin und Propagator des starken Einheitsstaats apostrophiert, hat hier nicht gegengesteuert – das «nationale» Potential der preußischen Politik ist, heftig gegeißelt unter anderem vom Freiherrn vom Stein, allenfalls überschaubar gewesen. Die Enttäuschung über dieses Konstrukt, das viele Hoffnungen national und liberal eingestellter Mitwirkender und Beobachter zunichtemachte, war jedenfalls verbreitet und für manche wie den Freiherrn vom Stein Anlass genug, sich aus der großen Politik ganz zurückzuziehen und Angebote sowohl Österreichs als auch Preußens, die jeweiligen Stimmen am Bundestag zu führen, auszuschlagen.

Insgesamt wird man um das Urteil nicht herumkommen, dass es die ehemaligen Rheinbundstaaten waren, die höchst eifersüchtig über ihre Souveränität wachten, von der auf gar keinen Fall etwas wegbrechen dürfe, und die ein Mehr an Bundeskompetenz verhinderten. Sie zogen es vor, viele Dinge in der Schwebe zu lassen und damit mutmaßlich auf ewige Zeiten zu vertagen. Dass das Bundesgericht – also eine Nachfolgeorganisation des untergegangenen Reichskammergerichts – kurz vor Toresschluss wieder aus der Bundesakte herausgenommen wurde, dass der Verfassungsartikel eine so unbestimmte Form erhielt, dass über eine Kreisverfassung am Ende gar nicht mehr ernsthaft diskutiert wurde, das ging ebenso auf die Mittelstaaten zurück wie die Tatsache, dass die Kirchenfrage weitgehend ungelöst blieb.

Nach dem Untergang der geistlichen Staaten und der weitgehend kollabierten Struktur der katholischen Kirche hatte in Wien eine intensive, auch von außen durch Druckschriften befeuerte Diskussion über die Zukunft eingesetzt, in der sich im Prinzip zwei Richtungen eher befehdeten als zusammenzuarbeiten: hier die sog. Oratoren, die, vom Luzerner Nuntius entsprechend «eingewiesen», sich für eine klare Orientierung des deutschen Katholizismus an Rom einsetzten, dort die «Dalbergianer» mit dem Konstanzer Generalvikar Wessenberg an der Spitze, denen eine (nur eher noch locker mit Rom verbundene) «Nationalkirche» vorschwebte. Am Ende blieb es bei der Feststellung der – immerhin ein beachtlicher Fortschritt – individuellen Gleichberechtigung der Angehörigen der drei Konfessionen in allen Bundesstaaten, wohingegen die Kirchenstruktur – die der protestantischen Kirche war ohnehin nie strittig, da sie Landeskirchen waren – in die Regie der Bundesglieder verwiesen wurde. Man ist geneigt, das Bild von dem kreißenden Berg zu benutzen, der am Ende nur eine Maus gebiert. Erst in den Frankfurter Verhandlungen 1818 («Frankfurter Kirchensystem») sollte die Thematik der Organisation der katholischen Kirche dann wieder aufgegriffen werden.

Ähnliches gilt in Bezug auf die Judenproblematik. Die «Emanzipation» der Juden im Sinn ihrer staatsbürgerlichen Gleichstellung stand spätestens seit den 1780er Jahren in einer Vielzahl von europäischen Staaten auf der Tagesordnung. In den Jahren vor Wien hatte eine ganze Reihe von deutschen Staaten – an der Spitze die Napoleoniden- und die Rheinbundstaaten analog der französischen Emanzipationskonstitution von 1791 – bereits Toleranzpatente erlassen, die es nahegelegt hätten, auch in der künftigen deutschen Verfassung für eine entsprechende Regelung – oder wenigstens einen entsprechenden «Vorratsbeschluss» – zu sorgen. Man muss außerdem bedenken, dass namentlich preußische Minister – Hardenberg, Humboldt – über enge jüdische Verbindungen verfügten und dass generell die (nobilitierten) jüdischen Bankiers ganz intensiv mit dem Kongressgeschehen verwoben waren. In Wien traten zwei Delegationen von Judengemeinden auf, die freilich kaum zusammenarbeiteten und es insgesamt auch nicht bewerkstelligten, dass die Frage im Deutschen Komitee oder in einer Spezialkommission verbindlich geregelt wurde. Auch in dieser Hinsicht war der Widerstand der Mittelstaaten gegen ein «Zuviel» an staatsbürgerlichen Rechten ausschlaggebend. Am Ende stand in der Bundesakte (Art. 14) lediglich ein Regelungsauftrag, auf die Gleichstellung der Juden hinzuarbeiten, der aber zum einen den Hansestädten eine Hintertür offen ließ und zum anderen wegen der sich ändernden Zeitumstände in den folgenden Generationen nicht mehr zum Tragen kam. Die Väter der Bundesakte haben manche Chancen vertan, um auf dem Weg des sozialen Fortschritts ein Stück weiter voranzukommen. Dass sich die Mächte in Bezug auf die Frankfurter und die Lübecker Juden dann noch einmal interventionistisch zusammenfanden, relativiert diesen Befund nicht.

Das betraf auch anderes: Die in der Bundesakte in Aussicht genommenen Verhandlungen über die Förderung von Handel und Verkehr (Art. 9) kamen niemals richtig in Gang, so dass eine großräumige Wirtschaftspolitik eine Fata Morgana blieb. Das in Art. 18 angesprochene und verbriefte Recht der Freizügigkeit und des freien Grunderwerbs blieb begrenzt und konnte allenfalls euphemistisch als «deutsches Bürgerrecht» gerühmt werden. Von der «einheitlichen Gesetzgebung über die Freiheit der Presse» blieb der Deutsche Bund dauerhaft weit entfernt, und von der sehr beschränkten und keineswegs flächendeckend wirkenden Resonanz des sog. Landständeartikels war bereits die Rede.

Der Freiherr vom Stein hat dieser verbreiteten Kritik an der Bundesakte vom 8. Juni 1815 wohl am massivsten Ausdruck verliehen, in einer offenbar für das russische Kabinett adressierten Denkschrift, die er im Abstand einiger Tage, am 24. Juni 1815, in Frankfurt niederschrieb. Entspricht, so fragt er rhetorisch, dieses Dokument den Erwartungen der Nation, der Größe ihrer Anstrengungen, ihres Leidens; findet man in ihm die Garantie der bürgerlichen und politischen Freiheit; entsprechen die geschaffenen Institutionen dem, was die alliierten Monarchen am Beginn des Krieges als Ziel und als Leitprinzip ausgegeben haben? Und dann beantwortet er diese Fragen mit schneidender Schärfe: Die neuen Gesetzgeber («nos nouveaux législateurs») haben das «ancien Empire Germanique» mit seinem Oberhaupt, einer Legislativkörperschaft, Gerichten, einer inneren Ordnung, die aus dem Einzelnen ein Ganzes machte, in eine «fédération Germanique» umgewandelt, ohne Oberhaupt, ohne (zentrale) Gerichte, unzureichend für den Verteidigungsfall vorbereitet. Die Rechte der Untertanen seien allenfalls vage geschützt durch die Ankündigung, dass es Provinzialstände geben werde, aber nichts sei über die Individualrechte vereinbart worden, über das *habeas corpus*, die Abschaffung der Untertänigkeit («servitute»). Der Bundestag werde nicht funktionieren, weil die Fälle, in denen Einstimmigkeit vorgesehen sei, überreich seien und manches unklar bleibe. Das *jus foederis* der Einzelstaaten sei nur unzureichend eingeschränkt worden durch die Klausel, Allianzen dürften sich nicht gegen den Bund oder einzelne Bundesglieder richten. Und zusammenfassend kam Stein mit seiner dedizierten Phobie der ehemaligen Rheinbundstaaten zu dem Schluss: «Von einer so fehlerhaften Bundesverfassung kann man nicht mehr als einen ganz schwachen Einfluss auf das öffentliche Wohl der deutschen Länder erwarten. Und man muss hoffen, dass die despotischen Maximen, von denen sich mehrere Kabinette noch nicht befreien können, in kurzer Zeit von der öffentlichen Meinung, der Pressefreiheit und dem Beispiel mehrerer Fürsten konterkariert werden, die ihren Untertanen eine weise und wohltuende Verfassung geben zu wollen scheinen.» Mehr als ein ungedeckter Wechsel auf die Zukunft war das aber nicht.

Manche waren ein klein wenig optimistischer. Der Bevollmächtigte Schaumburg-Lippes und Waldecks in Wien, Günter Heinrich von Berg, kam in seinem langen Schlussbericht zu dem Urteil: «So ist es also gelungen, das getrennte Teutschland wieder zu vereinigen: freylich nicht auf jene Weise, die den Wünschen aller entsprechen mag, aber doch gewiß so, wie es den vorliegenden Umständen nach auf zwekmässigste Weise möglich war. Politische Träumer hatten die Erwartungen hin und wieder zu hoch gespannt. Manche Forderung, die noch hätte befriediget werden können, mußte dem Hauptzwecke schneller Vereinigung weichen. Noch immer kann die Zukunft schöne Früchte tragen, und es ist zu hoffen, daß derselbe Eifer, der beim Abschlusse der Bundesacte Alle belebt, auch bey der Vervollständigung derselben wirksam seyn werde.»

Wie auch immer: In Gestalt des Deutschen Bundes und seines Organs, des dann in Frankfurt tagenden Bundestags, brachte der Kongress ein Ergebnis von immerhin beachtlicher Langzeitwirkung zustande: Der Kraftakt, in kurzer Zeit abschließen zu müssen, war geglückt: Die Deutsche Bundesakte konnte tatsächlich noch vor Ende des Kongresses paraphiert und mit ihren «Allgemeinen Bestimmungen» – die «Besonderen Bestimmungen» (Art. XII–XX) sollten vom Bundestag verabschiedet werden – als Bestandteil des Mechanismus des europäischen Gleichgewichts in der Kongressakte unter eine Art Garantie der unterzeichnenden Mächte gestellt werden. Freilich meinte das nicht, dass die Großmächte sich verpflichteten, jegliche Verletzungen der Bundesstatuten oder der territorialen Integrität des Bundes oder einzelner Mitglieder zu verhindern; sie erhielten lediglich ein Einspruchsrecht für den Fall von Veränderungen in der Bundesstruktur. Stein, Humboldt und andere hatten sich das anders vorgestellt; sie hatten lange dem Gedanken angehangen, Deutschlands Verfassung und damit seine Existenz unter die Garantie der Großmächte zu stellen, wie das im Westfälischen Frieden gehandhabt worden war. Es blieb bei der gegenseitigen Garantie der Bundesmitglieder gegenüber Angriffen von außen.

Die Verständigung über die Deutsche Bundesverfassung war der letzte große Fels, der noch hatte bewegt werden müssen; aber das bedeutete natürlich nicht, dass die Diplomaten sich nun ganz den Wiener Sommervergnügungen hätten hingeben können und ihren Hochgefühlen ob des Erreichten freien Lauf lassen konnten. Denn zum einen blieb manches ungeregelt. Das betraf vor allem eine zweite traditionelle europäische Problemzone, die Apenninenhalbinsel, für die es von Anfang an keine dem Deutschen Komitee vergleichbare Expertenrunde gegeben hatte, die am Widerstand Metternichs, aber auch dem des Zaren und Castlereaghs gescheitert war. Schon im (1.) Pariser Frieden hatte man sich nur zu der ziemlich belanglosen Formel verständigt: «Italien wird außerhalb der Grenzen jener Länder, die an Österreich zurückfallen werden, aus souveränen Staaten bestehen» («sera composée d'états souverains»), und damit alle «nationalen» Blütenträume vom Tisch gewischt, die auf der Halbinsel vor allem von Geheimbünden und aufgeklärten Gesellschaften genährt wurden und, viel stärker als in Deutschland, sich dezidiert gegen die durchweg landfremden Dynastien richteten. Brisante Probleme waren hier die territoriale Dimension der österreichischen Präsenz in Oberitalien – nicht nur in Venetien – und ihre Abgrenzung gegenüber Savoyen, die Herrschaft des Napoleon-Schwagers Murat, der seinem Protektor den Rücken gekehrt, sich Mittelitalien angeeignet hatte und von Österreich als Bundesgenosse anerkannt worden war, oder, damit zusammenhängend, die der bourbonischen Seitenlinie in Neapel und Sizilien, aber auch die Entschädigung für Kaiserin Marie Luise, Napoleons Exgemahlin – und nicht zuletzt die Wiederherstellung und die Ausdehnung des Kirchenstaats. Die italienischen Staaten – beispielsweise Savoyen-Sardinien – waren denn auch durchaus in der Donaustadt präsent. Metternich sorgte indes dafür, dass die umfassende und vor allem dauerhafte Neuordnung Italiens – das nach seinem berühmten und damals unwidersprochen akzeptierten Diktum nur als eine geographische Bezeichnung («dénomination géographique») verstanden wurde – ausblieb, sehr zur Verärgerung Spaniens beispielsweise, dem die Dominanz Österreichs im Norden und in der Mitte der Halbinsel viel zu weit ging. Metternich nutzte diesen politischen Freiraum, um – etwa mit Modena und Parma-Piacenza – bilaterale Vereinbarungen zu treffen, die von dem Fünferkomitee der dirigierenden Mächte dann nachträglich gebilligt und in die Kongressakte mit aufgenommen wurden. Unter französischem Druck ließ er am Ende auch Murat fallen und verständigte sich durch Castlereagh, der auf dem Heimweg in Paris Station machte, mit Ludwig XVIII. zudem über alle mittelitalienischen Fragen. Dass die Habsburgermonarchie in die Rolle einer Art Schutzmacht für Italien hineingewachsen war – mit Konsequenzen auch für ihre deutsche Politik –, hätte am Ende des Kongresses niemand mehr bestritten. Gar so weit entfernt von dem, was Metternich von Anfang an vorgeschwebt hatte, der Errichtung eines «föderativen Verteidigungs-Systems in Italien» unter österreichischer Führung, war das nicht mehr – unmittelbar nach Kongressende schloss die Hofburg bezeichnenderweise ein Defensivbündnis mit Sardinien!

Geregelt im Konsens der Mächte wurde auf dem Kongress nur eine einzige Frage, nämlich die Überführung der ehemaligen Republik Genua an das Königreich Sardinien-Piemont – ein Lieblingsgedanke Pitts, um den «Barrierestaat» zu einem maritimen Mittelstaat zu machen, ungeachtet der Proteste der stolzen Genueser Aristokratie, die deswegen in Wien auch noch einmal vorstellig wurde. Diese Territorialverschiebung war schon im Pariser Frieden ins Auge gefasst worden, dementsprechend benötigten die (im siebten Band der Klüberschen Quellensammlung dokumentierten) Beratungen auch nur einige wenige Sitzungen, ehe das Ergebnis bereits vor Mitte Dezember vom Achterkomitee approbiert wurde und das dortige *Gouvernement provisoire* daraufhin am 26. Dezember 1814 zurücktrat. Das Verhandlungsergebnis fand als Beilage 14 in die Kongressakte Aufnahme. Ein eine Zeit lang angedachtes und sogar schon personell fixiertes Toskanisches Komitee blieb Projekt und trat nie in Aktion.

Dank der unaufhörlichen Bemühungen Kardinal Consalvis konnte im allgemeinen Konsens zudem der Kirchenstaat weitgehend restituiert werden – freilich ohne seine französischen Bestandteile Avignon und Venaissin und ohne den jenseits des Po gelegenen Teil von Ferrara –, was den kurialen Vertreter aber trotzdem nicht hinderte, wegen dieser Einbußen, wegen des österreichischen Besatzungsrechts in Ferrara und Comacchio und wegen der nicht rückgängig gemachten deutschen Säkularisationen von 1803 förmlich zu protestieren. So wie schon 1648 Chigis Protest gegen den Westfälischen Frieden, auf den sich der

Nuntius ausdrücklich bezog, beunruhigte das im Grunde aber niemanden mehr. Indes: Die Form war gewahrt, wenn Consalvi nach der Klüberschen Übersetzung formulierte: «Da [...] aus diesen Beschlüssen für den heiligen Stuhl und die römische Kirche grosser Schaden und Nachtheil entspringt, und damit Allen klar werde, dass ich denselben nicht nur nicht beigetreten oder nachgegeben, sondern sie vielmehr widersprochen und bekämpft habe, nach dem Beispiel anderer an frühere Congresse abgeordneter Legaten, besonders des nach Münster gesendeten Bischofs von Nardo, Fabio Chigi, der die geistlichen und weltlichen Rechte der Kirche gegen die Beschlüsse jenes Congresses durch eine feierliche Protestation verwahrte; so protestire, streite und widerspreche auch ich gegen alle, vom wiener Congress zum Nachtheil der Dominien, Besitzungen und Rechte des heiligen Stuhls [...] getroffenen und [...] der Kirche nachtheiligen Verfügungen [...].»

Ein Fazit kann also nur ambivalent ausfallen. Ob die vermeintliche Stunde Null wirklich optimal genutzt wurde, um möglichst vielen Erwartungen gerecht zu werden, muss durchaus mit einem Fragezeichen versehen werden.

Der Territorialordnung in der Mitte Europas haftete manch Zufälliges an. Preußen, das nur mit etwa zwei Fünfteln Sachsens bedacht wurde, wurde mit einer errechneten Seelenzahl von 1,6 Mio Seelen vor allem im linksrheinischen Bereich entschädigt, insbesondere auf Betreiben Castlereaghs, und zwar über die Mosel hinaus bis an die Nahe; später, nach dem (2.) Pariser Frieden, sollte diese Linie dann noch weiter südwestwärts bis an die Saar vorgeschoben werden. Mit seinen ihm nach dem Reichsdeputationshauptschluss zugewachsenen ehemals geistlichen Gebieten in Westfalen und am Rhein war das aber immer noch kein geschlossener Landblock; die westelbischen Gebiete mussten vielmehr durch einige Militärstraßen durch Hannover und Hessen-Kassel mit den östlichen Gebieten verbunden werden. Das im Kieler Frieden dem König von Dänemark als Entschädigung zugesprochene ehemals schwedische Vorpommern mitsamt Rügen bedeutete dagegen eine seit Langem angestrebte Arrondierung, die allerdings mit finanziellen Leistungen an die

Vorbesitzer abgegolten werden musste. Die eine Zeit lang in Betracht gezogene Erwerbung der rechtsrheinischen oranischen Stammlande, die nunmehr in einem Herzogtum zusammengefasst wurden, zerschlug sich ebenso am Ende wie der Erwerb Luxemburgs, an dem das preußische Interesse allerdings auch nur begrenzt war. – Hannover, das auf englisches Betreiben nur moderat vergrößert wurde, wurde durch den Erwerb Ostfrieslands unmittelbarer Nachbar des Königreichs der Niederlande, was geostrategischen Überlegungen Londons entgegenkam, und trug außerdem noch Hildesheim, die Stadt Goslar und kleinere Herrschaften Ostwestfalens davon, zudem den Westteil des bisher preußischen Lingen. – Sachsen blieb, wie angedeutet, als Königreich erhalten – und damit auch Friedrich August dem geheiligten Grundsatz der Legitimität entsprechend im Besitz seiner Krone –, allerdings nur noch mit 3/5 seiner Fläche, nachdem es in letzter Minute noch einmal zu einem heftigen Feilschen um einzelne Städte und Festungen gekommen war; u. a. wollte Preußen unbedingt das symbolträchtige Leipzig, Ort der Völkerschlacht von 1813 und somit für den Hohenzollernstaat ein veritabler *lieu de mémoire*, seinem Staatsgebiet einverleiben, was am Ende aber am Widerstand Englands und Österreichs scheiterte. Diese Vereinbarung wurde im Fünferausschuss bereits lange vor Beendigung des Kongresses, am 8. Februar 1815, angenommen. – In Polen wurde das bisherige Großherzogtum Warschau aufgelassen, das neue «Königreich Polen» wurde «unwiderruflich» mit dem Kaiserreich vereinigt, dem Zaren wurde der entsprechende Titel zuerkannt. Preußen erhielt den Landstreifen um Posen (Wartheland) bis zur Prosna, an Österreich trat Russland die vier ostgalizischen Kreise ab, während Krakau und zunächst auch noch Thorn als «Freie Städte» nach dem Muster der Hansestädte geplant waren, deren Verfassungen die drei Anrainer gemeinsam entwerfen sollten. – Die Herzogtümer Oldenburg, Sachsen-Weimar und Sachsen-Coburg, ausnahmslos mit dem Haus Romanow verschwägert, wurden moderat vergrößert, ohne dass diese Arrondierungen an jene hätten heranreichen können, die den Rheinbundstaaten zugebilligt worden waren. – Die territorialen Verfügungen im deutschen Südwesten konnten wegen der Eile, mit der die Kongressakte geschlossen werden musste, nicht abschließend geregelt werden. Dazu zählte insbesondere auch die Zukunft des strategisch wichtigen Mainz, das – um vorzugreifen – am Ende Bundesfestung mit einer gemischten österreichischen und preußischen Besatzung werden sollte. Nach Art. 51 der Kongressakte wurden die Länder, über die noch nicht verfügt worden war, interimistisch Österreich zur Verwaltung übergeben; dabei ging es um die Pfalz, um das Inn- und Hausruckviertel, um den Breisgau, um die Herrschaften Isenburg und von der Leyen sowie um ein Landgebiet, das für den Großherzog von Hessen-Darmstadt vorgesehen war – das nachmalige Rheinhessen. Diese Agenden sollten endgültig erst durch eine Territorialkommission des Bundes geregelt werden, die ihre Arbeiten 1819 mit dem Frankfurter Territorialrezess beendete. Auch in Bezug auf die Hansestädte beließ man es zunächst bei dem Status quo, an die bunte Kleinstaatenwelt in Thüringen mit den Häusern Reuß, Anhalt, auch den kleineren welfischen Dynasten legte man nicht Hand an. Hier fehlte eklatant der Mut – und natürlich auch die Zeit –, eine «große Lösung» anzugehen und den deutschen «Flickenteppich» dauerhaft in größeren Staatsgebilden aufgehen zu lassen.

Das, die unbefriedigende Lösung der «deutschen Frage», die große Enttäuschung, dass die ehemaligen Rheinbundstaaten jedes Mehr an bundesstaatlicher Kompetenz konsequent abgeblockt hatten, dass viele territoriale Verschiebungen weder auf landsmannschaftliche Traditionen noch auf politische Empfindlichkeiten Rücksicht genommen hatten, dass den zunehmenden Stimmen, die alten Grenzen gegenüber dem zu einem Sicherheitsrisiko gewordenen Frankreich wieder einzufordern, kein Gehör geschenkt wurde, war es dann sicher auch, was der Wiener Ordnung unter den deutschen «Patrioten» eine so eminent schlechte Presse verschaffte. Für Männer wie den Freiherrn vom Stein, Ernst Moritz Arndt, Joseph Görres und manche anderen Publizisten brach mit dem 9. Juni 1815 eine Welt in sich zusammen. Als wie labil und unbefriedigend die territorialen Lösungen von Wien schon wenige Wochen später eingeschätzt wurden, spiegelt die intensive Diskussion vom Herbst 1815, als geradezu reihenweise alternative Vorschläge für die Gestaltung der Grenzzone gegenüber Frankreich auf den Tisch kamen und die Runde machten.

Aber man kann sich selbstverständlich auch von der Perspektive der Zeitgenossen lösen und mit der neueren Forschung zum Deutschen Bund die positiven Seiten hervorheben: Die neue Organisationsform für einen Raum, «der traditionell im Spannungsfeld divergierender macht-, sicherheitspolitischer und wirtschaftlicher Interessen stand und im Schnittpunkt vitaler europäischer Kommunikationslinien lag» (Gruner), sei nur auf föderativer Grundlage möglich gewesen, weil ein national aufgeladenes Konstrukt den Interessen der angrenzenden Mächte entgegengelaufen wäre. Der Deutsche Bund habe als ein Organ, das Völkerrechtsqualität hatte und dessen Mitglieder ebenfalls Völkerrechtsqualität besaßen, eine doppelte Funktion zu erfüllen gehabt, als «Centralstaat» und als europäischer «Friedensstaat», und er habe zudem in der Tradition der staatlichen Vielfalt in der Mitte Europas gestanden, die als föderative Staatlichkeit seinem eigenen Interesse und dem der Anrainer gedient habe. Dadurch habe er entscheidend dazu beigetragen, Europa eine lange Friedensperiode zu verschaffen, die er zwar zu inneren Reformen habe nutzen wollen – und begrenzt auch können –, ohne indessen aus diesem Konstrukt ein wirklich modernes Staatswesen zu machen.

Quasi in letzter Minute, bevor die Monarchen und Minister Wien wieder verließen, um sich auf den Feldzug gegen den korsischen Rückkehrer zu konzentrieren, den eine kurzfristig eingesetzte Kommission – die Militärkommission – organisatorisch vorbereitet hatte und den eine weitere Kommission, die sog. Akzessionskommission, politisch abstützte, wurden dann auch noch andere Entscheidungen getroffen, die alle direkt oder indirekt mit der Person Bonapartes zusammenhingen: die Anerkennung Ferdinands IV. als König beider Sizilien und die Entthronung Murats, der nach der Rückkehr seines früheren Gönners Napoleon die Torheit begangen hatte, sich erneut auf die Seite seines Schwagers zu schlagen; der Übergang der Insel Elba

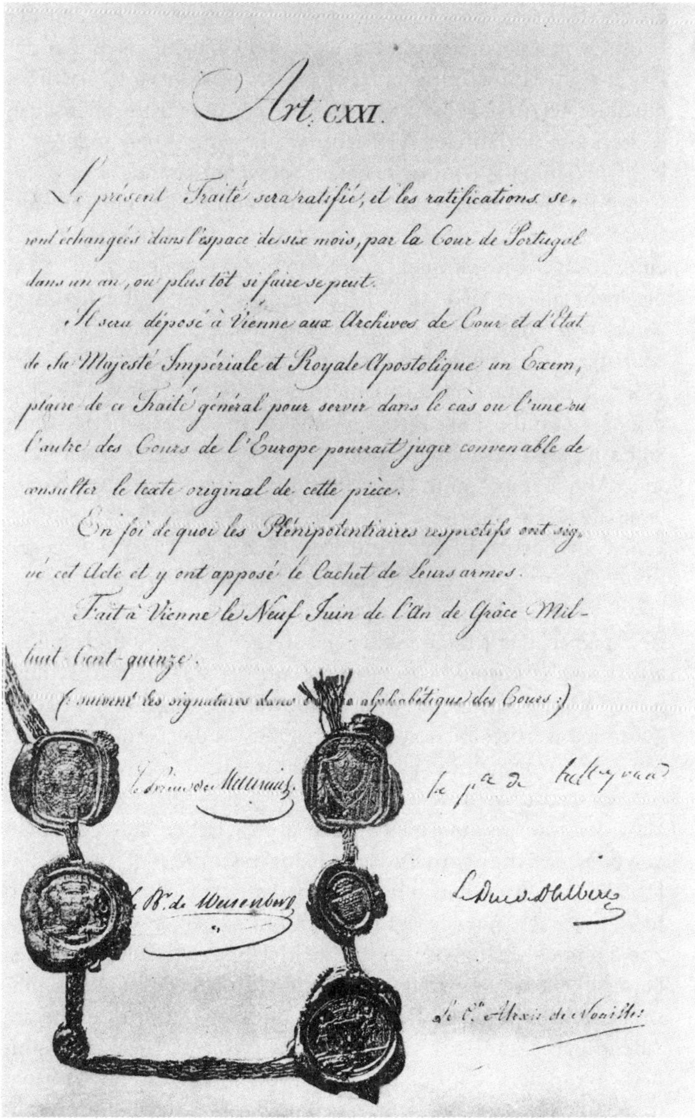

Art. CXXI.

Le présent Traité sera ratifié, et les ratifications seront échangées dans l'espace de six mois, par la Cour de Portugal dans un an, ou plus tôt si faire se peut.

Il sera déposé à Vienne aux Archives de Cour et d'Etat de Sa Majesté Impériale et Royale Apostolique un Exemplaire de ce Traité général pour servir dans le cas où l'une ou l'autre des Cours de l'Europe pourrait juger convenable de consulter le texte original de cette pièce.

En foi de quoi les Plénipotentiaires respectifs ont signé cet Acte et y ont apposé le Cachet de leurs armes.

Fait à Vienne le Neuf Juin de l'An de Grâce Mil-huit-Cent-quinze.

(suivent les signatures dans l'ordre alphabétique des Cours:)

Le Prince de Metternich. Le Pce de Talleyrand

Le Bn de Wessenberg L Duc d'Dalberg

Le Cte Alexis de Noailles

I. Unterschriftenseite der Wiener Kongressakte

an die Toskana; der Ausschluss von Napoleons Sohn von der Erbfolge in Parma, das mit Piacenza und Guastalla vielmehr der Exkaiserin Marie Luise auf Lebenszeit überantwortet wurde, die diese Territorien ihrerseits ihrem Vater, dem österreichischen Kaiser, zur vorläufigen Verwaltung übergab. Aber anderes in Italien blieb nach wie vor in einem Schwebezustand.

Am Ende des Kongresses stand ein schon seines schieren Umfangs von ca. 200 Seiten im Klüberschen Quellenwerk wegen eindrucksvolles Dokument, die Kongressakte vom 9. Juni 1815, die mehr als alles Gesagte die Unfertigkeit des Stabilisierungswerks von Wien spiegelt – ganz ähnlich wie bei dem *Vrede van Munster*, dem niederländisch-spanischen Separatfrieden von 1648, fehlten nämlich eine Unterschrift und ein Siegel. Der spanische Gesandte Labrador verweigerte in letzter Minute seine Signatur, weil er in dem Dokument auf einmal eine inneriberische Abmachung fand, die vorher nicht abgesprochen worden war: die Rückgabe der 1801 an Spanien abgetretenen Stadt Olivenza an Portugal, das diese Restitution im Ausgleich gegen seine Zustimmung zur Grenzziehung in Guyana (Art. 107) verlangt hatte. Schlaglichtartig spiegelt diese Episode, die die Rechtskraft der Kongressakte selbstredend nicht einschränkte, wider, wie sehr die Mächte unter Zeitdruck zu einem Abschluss hatten kommen müssen, wie viele vorläufige Regelungen hatten gefunden werden müssen, wie hoffnungslos das Bemühen gewesen war, sozusagen die ganze Welt in wenigen Wochen – sofern die Feste dafür Zeit ließen – neu ordnen zu wollen, wie kompliziert der Interessenausgleich auch nur zwischen acht Mächten gewesen war, die gegen Ende des Kongresses die sog. Achterkonferenzen noch einmal wiederbelebt hatten. Der enge Zeitrahmen, der nach Wiederbeginn der militärischen Auseinandersetzungen noch verfügbar war, sorgte im Übrigen dafür, dass einige Unterschriften von bereits abgereisten Ministern erst noch mühsam nachträglich eingeholt werden mussten – der Akte, die am Abend des 9. Juni 1815 im Vorzimmer von Metternichs Kabinett paraphiert wurde, eignete schon äußerlich und formal manch Unfertiges. Die Kongressakte, die eine eigene, mit wechselnden Personen besetzte Redaktionskommission zu Papier gebracht hatte und die erst zehn Tage nach dem genannten Termin unterschrieben und gesiegelt werden konnte – wenigstens von den meisten Botschaftern –, war insofern auch kein Dokument der «Restauration» – ein Begriff, der in einer an Schlagworten orientierten Geschichtsschreibung ja nicht selten mit dem Wiener Kongress in Verbindung gebracht wird, aber als Bezeichnung für eine mit 1815 einsetzende historische Periode Europas und Frankreichs, in der die Neuerungen der Französischen Revolution konsequent wieder beseitigt worden seien, längst ausgedient hat.

Unter dem Strich blieb also noch etliches zu regeln – von einer in sich stimmigen Gesamtordnung Europas war man ein Stück weit entfernt geblieben, was nicht nur die italienische Halbinsel betraf, sondern – wegen der über einen Beobachterstatus nicht hinausgehenden Rolle der Pforte bei den Wiener Verhandlungen – auch den gesamten Balkanbereich; lediglich hinsichtlich der sog. Ionischen Inseln (Korfu u. a.) fand man, sozusagen schon mit einem Bein in der Equipage, noch eine Lösung, indem man sie in einem Freistaat unter britischem Protektorat zusammenband. Das Fehlen des Osmanischen Reiches ist sicher eins der empfindlichsten Defizite des Wiener Befriedungs- und Stabilisierungswerks, dessen sich viele Teilnehmer auch voll bewusst waren. Insofern war es kein Zufall, dass Metternich auf britische Empfehlung hin der Pforte zu Beginn der Wiener Verhandlungen ein Angebot unterbreitete, von den Mächten eine Garantie ihres Territoriums zu erbitten, was von Konstantinopel wegen ihrer ausgeprägten Animositäten gegenüber Russland dann aber abgelehnt wurde – insofern war das Wiener Friedenswerk auch nicht wirklich europäisch. Und da man sich spätestens seit den Volksaufständen gegen Napoleon in Spanien und Tirol und der Begeisterung, die der Appell an ethnische und «nationale» Befindlichkeiten auslösen konnte, in den europäischen Hauptstädten darüber im Klaren war, dass künftig nicht mehr jede willkürliche Grenzziehung und jede Bevölkerungsverschiebung von den betroffenen Bevölkerungen klaglos akzeptiert werden würde, glaubte man gegen alle Eventualitäten Vorkehrung treffen zu sollen – nicht um systemkritischen Bewegungen ohne Weiteres nachzugeben, sondern um Mechanismen zu schaffen, die gefundene Ordnung als unveränderbar und «alternativlos» zu «verkaufen». Hier gründen die weit über die Stunde und über die endgültige Entmachtung Bonapartes nach der Schlacht bei Belle Alliance (Waterloo) und seiner endgültigen Verbannung nach St. Helena hinausreichenden Maßnahmen, von denen oben schon die Rede war und die, aller zeitgenössischen und nachlebenden Kritik ungeachtet, Europa dann doch über vier Jahrzehnte hinweg den äußeren Frieden erhielten.

Aber diese Hochschätzung der Wiener Friedensordnung, von der am Beginn dieses Buches die Rede war, war nur das eine – eine Hochschätzung, die die unmittelbar Beteiligten natürlich mit hehren Worten beschworen, etwa wenn Talleyrand im Abstand einiger Monate die Wiener Kongressakte als «eine der größten und vollständigsten Übereinkünfte, die jemals unter den Nationen getroffen wurden», rühmte. Das andere war Kritik – schon der Zeitgenossen, aber auch der Nachlebenden: Kritik, dass den Architekten der Kongressakte die nationalen und liberalen Unterströmungen des Zeitalters so völlig vernachlässigenswert geblieben waren und man den Kontinent völlig neu geschnitten hatte, ohne den ethnischen Gegebenheiten oder gewachsenen Animositäten Rechnung zu tragen, Kritik, dass man über den Fragen der Grenzen und der Bevölkerungsverschiebungen den gesellschaftlichen Fragen so wenig Beachtung geschenkt hatte, Kritik, dass man unter dem Schlagwort der «Legitimität» Dynastien wieder eingesetzt hatte, die nichts Besseres zu tun hatten, als rücksichtslos gegen Träger liberaler Gedanken vorzugehen, Kritik, dass so vieles – in Italien, auf dem Balkan – ungeregelt geblieben war, Kritik nicht zuletzt an dem Interventionsrecht, das sich die Großmächte vorbehielten. An der neuen Qualität der Wiener Friedensordnung und an ihrer relativen Dauerhaftigkeit besteht kein Zweifel – aber es war auch noch nicht der große Befreiungsschlag, den sich viele Menschen von den Monarchen und den Ministern in Wien erhofft hatten, denen vielleicht, wie Humboldt meinte, ein großer leitender Kopf gefehlt hat. Aber wann können Friedenskongresse überhaupt jemals alle Hoffnungen erfüllen?

Auswahlbibliographie

Angeberg, Comte d' [L. J. B. Chodzko], Le Congrès de Vienne et les traités de 1815, 2 Bde., Paris 1863.

Carl Bertuchs Tagebuch vom Wiener Kongreß, hrsg. von Hermann Frhr. von Egloffstein, Berlin 1916.

La Missione Consalvi e il congresso di Vienna, ed. Alessandro Roveri, Roma 1971.

Die Entstehung des Deutschen Bundes 1813–1815, bearb. von Eckhardt Treichel, 2 Halbbände (Quellen zur Geschichte des Deutschen Bundes, Abt. I, Bd. 1), München 2000.

Jean Gabriel Eynard, Au Congrès de Vienne. Journal de Jean Gabriel Eynard, Paris 1914.

Hans Christoph Ernst von Gagern, Mein Antheil an der Politik. Bd. 2: Nach Napoleons Fall. Der Congress zu Wien, Stuttgart 1826.

Dépêches inédites du chevalier de Gentz aux Hospodars de Valachie pour servir à l'histoire de la politique européenne (1813 à 1828), hrsg. von Anton Prokesch von Osten, 3 Bde., Paris 1876/77.

Gentz und Wessenberg. Briefe des ersten an den zweiten (1809–1832), hrsg. von August Fournier, Wien/Leipzig 1907.

Karl August von Hardenberg 1750–1822: Tagebücher und autobiographische Aufzeichnungen, hrsg. von Thomas Stamm-Kuhlmann, München 2000.

Michael Hundt (Hrsg.), Quellen zur kleinstaatlichen Verfassungspolitik auf dem Wiener Kongreß. Die mindermächtigen deutschen Staaten und die Entstehung des Deutschen Bundes 1813–1815, Hamburg 1996.

Erzherzog Johann, Aus dem Tagebuch 1810–1851, hrsg. von Franz von Krones, Innsbruck 1891.

Auguste Comte de La Garde, Gemälde des Wiener Kongresses 1814–1815, aus dem Französischen hrsg. von Hans Effenberger, Wien/Leipzig 1912 (franz.: Souvenirs du Congrès de Vienne, 1814–1815, Paris 1904).

Correspondance de Frédéric-César de la Harpe et Alexandre Ier, ed. par Jean Charles Biaudet et Françoise Niod, 2 vols, Neuchâtel 1978/1979.

Johann Ludwig Klüber, Acten des Wiener Kongresses in den Jahren 1814 und 1815, 9 Bde., Erlangen 1815–1835.

Freiherr vom Stein, Briefe und amtliche Schriften. Bd. 5, neu bearb. von Manfred Botzenhart, Stuttgart 1964.

Correspondance inédite du Prince de Talleyrand et du Roi Louis XVIII pendant le Congrès de Vienne, publ. par M. G. Pallain, Paris 1881.

Mémoires du Prince de Talleyrand, publ. par Le Duc de Broglie, Bd. II, Paris 1891.

Charles K. Webster (Hrsg.), British Diplomacy 1813/15. Select documents dealing with the reconstruction of Europe, London 1921.

Maurice-Henri Weil (ed.), Les Dessous du Congrès de Vienne. D'après les documents originaux des archives, 2 vols, Paris 1917.

Hans-Dieter Dyroff (Hrsg.), Der Wiener Kongress 1814/15. Die Neuordnung Europas, Nördlingen 1966.
Klaus Müller (Hrsg.), Quellen zur Geschichte des Wiener Kongresses 1814/15, Darmstadt 1986.
Der Wiener Kongreß in Augenzeugenberichten, hrsg. von Hilde Spiel, München 1978.

Salo Baron, Die Judenfrage auf dem Wiener Kongress, Wien/Berlin 1920.
Guillaume de Bertier de Sauvigny, Sainte-Alliance et Alliance dans les conceptions de Metternich, in: Revue Historique 223 (1960), S. 249–275.
[Jean] Frhr. von Bourgoing, Vom Wiener Kongreß, Brünn/München/Wien 1943.
Maurice Bourquin, La Sainte-Alliance, Genève 1954.
Anselm Doering-Manteuffel, Vom Wiener Kongreß zur Pariser Konferenz. England, die deutsche Frage und das Mächtesystem 1815–1856, Göttingen 1991.
Anselm Doering-Manteuffel, Die deutsche Frage und das europäische Staatensystem 1815–1871, München 2010.
Nikolaus Dommermuth, Das angebliche europäische Garantierecht über den deutschen Bund von 1815 bis 1866, Phil. Diss. Frankfurt/M. 1928.
Heinz Duchhardt, Gleichgewicht der Kräfte, Convenance, Europäisches Konzert. Friedenskongresse und Friedensschlüsse vom Zeitalter Ludwigs XIV. bis zum Wiener Kongreß, Darmstadt 1976.
Heinz Duchhardt/Johannes Wischmeyer (Hrsg.), Der Wiener Kongress – eine kirchenpolitische Zäsur?, Göttingen 2013.
Michael Erbe, Revolutionäre Erschütterung und erneuertes Gleichgewicht. Internationale Beziehungen 1785–1830, Paderborn 2004.
Guglielmo Ferrero, Reconstruction. Talleyrand à Vienne, Genève 1939.
August Fournier, Die Geheimpolizei auf dem Wiener Kongreß, Wien/Leipzig 1913.
Karl Griewank, Der Wiener Kongress und die Neuordnung Europas 1814/15, Leipzig 1942.
Patricia Kennedy Grimsted, The Foreign Ministers of Alexander I. Political Attitudes and the Conduct of Russian Diplomacy, 1801–25, Berkeley 1969.
Wolf D. Gruner, Der Deutsche Bund 1815–1866, München 2012.
Arthur G. Haas, Metternich, Reorganisation and Nationality 1813–1818, Wiesbaden 1963.
Michael Hundt, Die mindermächtigen deutschen Staaten auf dem Wiener Kongress, Mainz 1996.
Henry A. Kissinger, A World Restored. Metternich, Castlereagh, and the Problems of Peace 1812–1822, London 1957 (deutsch 1962).
Johann Ludwig Klüber, Uebersicht der diplomatischen Verhandlungen des Wiener Congresses [...], Frankfurt/M. 1816.
Walter Kohlschmidt, Die sächsische Frage auf dem Wiener Kongreß und die sächsische Diplomatie dieser Zeit, Dresden 1930.
Enno E. Kraehe, Metternich's German Policy. Vol. II: The Congress of Vienna, 1814–1815, Princeton 1983.
Francis Ley, Alexander Ier et sa Sainte-Alliance (1811–1825), Paris 1975.
Wolfgang Mager, Das Problem der landständischen Verfassungen auf dem Wiener Kongreß 1814/15, in: Historische Zeitschrift 217 (1973), S. 296–346.
Josef Karl Mayr, Aufbau und Arbeitsweise des Wiener Kongresses, in: Archivalische Zeitschrift 45 (1939), S. 64–127.

Harold Nicolson, Der Wiener Kongreß, Zürich 1946 (englisch: The Congress of Vienna: A Study in Allied Unity 1815–1822, New York 1946).
Georg Nørregaard, Danmark og Wienerkongressen, København 1948.
Karl Obermann, Der Wiener Kongreß 1814/15, in: Zeitschrift für Geschichtswissenschaft 13 (1965), S. 474–492.
Klothilde von Olshausen, Die Stellung der Großmächte zur sächsischen Frage auf dem Wiener Kongreß und deren Rückwirkung auf die Gestaltung der preußischen Ostgrenze, München 1933.
Jacques-Henri Pirenne, La Sainte-Alliance: Organisation européenne de la paix mondiale, 2 vols, Neuchâtel 1946–1949.
Wolfram Pyta, Konzert der Mächte und kollektives Sicherheitssystem. Neue Wege zwischenstaatlicher Friedenswahrung in Europa nach dem Wiener Kongreß 1815, in: Jahrbuch des Historischen Kollegs 1996, München 1997, S. 133–173.
Wolfram Pyta (Hrsg.), Das europäische Mächtekonzert. Friedens- und Sicherheitspolitik vom Wiener Kongress 1815 bis zum Krimkrieg 1853, Köln 2009.
Willy Real, Die deutsche Verfassungsfrage am Ausgang der napoleonischen Herrschaft bis zum Beginn des Wiener Kongresses, Leipzig 1935.
Gustaaf Johannes Renier, Great Britain and the Establishment of the Kingdom of the Netherlands, 1813–1815, London 1930.
Robert Rie, Der Wiener Kongreß und das Völkerrecht, Bonn 1957.
Hellmuth Rössler, Österreichs Kampf um Deutschlands Befreiung. Die deutsche Politik der nationalen Führer Österreichs 1805–1815, 2 Bde., Hamburg 1940.
Erwin Ruck, Die römische Kurie und die deutsche Kirchenfrage auf dem Wiener Kongreß, Basel 1917.
Paul W. Schroeder, The Transformation of European Politics 1763–1848, Oxford 1994.
Matthias Schulz, Normen und Praxis. Das Europäische Konzert der Großmächte als Sicherheitsrat 1815–1860, München 2009.
Hannah Alice Straus, The Attitude of the Congress of Vienna toward Nationalism in Germany, Italy, and Poland, New York 1949.
Gero Walter, Der Zusammenbruch des Heiligen Römischen Reiches deutscher Nation und die Problematik seiner Restauration in den Jahren 1814/15, Heidelberg/Karlsruhe 1980.
Charles K. Webster, The Congress of Vienna 1814–1815, London 1919 (Repr. New York 1963).
Charles K. Webster, The Foreign Policy of Castlereagh. Vol. 1: 1812–1815. Britain and the reconstruction of Europe, London 1931.
Der Wiener Kongress. 1. September 1814 bis 9. Juni 1815. Ausstellungskatalog Wien, Hofburg, o. O. 1965.
Karl Wolff, Die deutsche Publizistik in der Zeit der Freiheitskämpfe und des Wiener Kongresses, Plauen 1934.
Bernd Wunder, Landstände und Rechtsstaat. Zur Entstehung und Verwirklichung des Art. 13 DBA, in: Zeitschrift für Historische Forschung 5 (1978), S. 139–185.
Adam Zamoyski, Rites of Peace. The Fall of Napoleon and the Congress of Vienna, London 2007.

Personen- und Sachregister

Historiker sind *kursiv* gesetzt. Die fünf Großmächte sind ebenso nicht ausgeworfen wie das Stichwort Wien. Benutzte Siglen: Gfsch. = Grafschaft, Ft. = Fürstentum, Hzgt. = Herzogtum, Kgr. = Königreich